둥글둥글 지구촌
문자 이야기

함께 사는 세상 20

둥글둥글 지구촌 문자 이야기

초판 1쇄 발행 2017년 12월 22일 | **초판 2쇄 발행** 2021년 9월 23일
글쓴이 정회성 | **그린이** 이진아
펴낸이 홍석 | **이사** 홍성우 | **편집부장** 이정은 | **편집** 차정민·이은경 | **디자인** 자자주
마케팅 이송희·이가은·한유리 | **관리** 최우리·김정선·정원경·홍보람·조영행
펴낸곳 도서출판 풀빛 | **등록** 1979년 3월 6일 제2021-000055호
주소 서울특별시 강서구 양천로 583 우림블루나인 A동 21층 2110호
전화 02-363-5995(영업) 02-362-8900(편집) | **팩스** 070-4275-0445
전자우편 kids@pulbit.co.kr | **홈페이지** www.pulbit.co.kr
블로그 blog.naver.com/pulbitbooks | **인스타그램** instagram.com/pulbitkids

ⓒ 정회성, 이진아 2017

ISBN 979-11-6172-036-4 74700
ISBN 978-89-7474-913-2 (세트)

이 도서의 국립중앙도서관 출판시도서목록(CIP)은 서지정보유통지원시스템 홈페이지(http://seoji.nl.go.kr)와
국가자료공동목록시스템(http://www.nl.go.kr/kolisnet)에서 이용하실 수 있습니다.
(CIP제어번호: CIP2017026448)

* 지은이와 협의해 인지는 생략합니다.
* 책값은 뒤표지에 표시되어 있습니다.
* 잘못된 책은 구입하신 곳에서 바꿔드립니다.

품명 아동 도서		**제조년월** 2021년 9월 23일	
사용연령 10세 이상		**제조자명** 도서출판 풀빛	
제조국 대한민국		**연락처** 02-363-5995	
주소 서울특별시 강서구 양천로 583 우림블루나인 A동 21층 2110호			
주의사항 종이에 베이거나 긁히지 않도록 조심하세요.			
책 모서리가 날카로우니 던지거나 떨어뜨리지 마세요.			
KC마크는 이 제품이 공통안전기준에 적합하였음을 의미합니다.			

함께 사는 세상 20

둥글둥글 지구촌
문자 이야기

정회성 글 | 이진아 그림

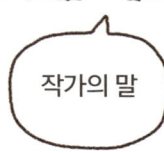
작가의 말

신기하고 재미있는 문자의 세계

인간은 언어를 사용하는 동물이에요. 동물학자들은 침팬지나 고래 같은 동물도 언어를 사용한다고 주장해요. 하지만 확실하게 증명되지도 않은 데다 사용한다고 해도 몇 가지 소리 신호일 뿐 인간처럼 분명한 언어로 서로의 생각과 의견을 주고받지는 못하지요.

우리가 의사소통을 하는 방식은 크게 두 가지가 있어요. 말과 글이에요. 이 둘은 형태가 있고 없다는 점이 달라요. 말은 입 밖으로 내뱉으면 그만이지만 글, 즉 문자는 형태가 있기 때문에 기록으로 남길 수 있어요. 따라서 문자는 생명이 길지요. 인류의 역사가 문자로 기록되는 이유도 바로 이런 문자의 특성 때문이에요.

그런데 문자가 체계적으로 정립된 지는 그리 오래되지 않았어요. 문자를 사용하기 시작한 시기도 인류의 긴 역사에 비하면 비교적 최근의 일이지요. 초기 문자는 그림 형태였는데 오랜 세월에 걸쳐 변화를 거듭하여 기호로 되었다가 현재와 같은 모습을 갖추게 되었어요.

문자는 인류의 역사에 비교적 늦게 등장했지만 그 위력은 정말로 대단해요. 요즘에는 인간의 생활과 떼려야 뗄 수 없지요. 주위를 한번 둘러보세요. 시선이 머무는 거의 모든 곳에 문자가 있어요.

우리가 매일 들여다보는 컴퓨터와 스마트폰에도 문자가 가득하고, 또 거리마다 내걸린 간판, 교과서를 비롯한 책에도 문자가 있지요. 이렇듯 우리는 문자와 함께 생활하고 있어요.

문자가 없다고 상상해 봐요. 새로운 정보를 얻기도 힘들고 소식을 다른 사람에게 전하기도 어려울 거예요. 컴퓨터나 스마트폰으로 메시지를 주고받을 수도 없게 되고, 책이나 신문도 사라지겠지요. 또 버스나 지하철을 이용하여 어딘가 가고 싶어도 마음대로 가지 못하게 될 거예요. 버스나 지하철이 어디로 가는지 문자로 표시되어 있지 않으니까요.

당연한 이야기지만 문자가 없으면 공부도 할 수 없을 거예요. 그렇게 되면 지겨운 공부 대신에 컴퓨터 게임만 실컷 할 수 있어서 좋을 것 같다고요? 과연 그럴까요? 문자가 없으면 컴퓨터 게임도 할 수 없어요. 컴퓨터 게임을 하려면 아이디와 패스워드를 입력해야 되는데 모두 문자로 되어 있잖아요. 로그인조차 할 수 없는데 무슨 게임을 하겠어요. 문자가 없는 세상을 상상하니까 끔찍하지요? 그래요, 문자가 없으면 우리 사회는 큰 혼란에 빠지고 말 거예요. 문자는 이처럼 아주 중요해요.

그럼에도 우리는 문자의 사용을 너무 당연하게 여기고 있어요. 문자에는 수많은 사람의 땀과 노력, 그리고 이루 헤아릴 수 없이 많은 시간이 담겨 있는데 말이지요. 문자는 오랜 세월에 걸쳐서 여러 사람의 노력에 의해 만들어지고 다듬어지는 가운데 오늘날처럼 세련된 모습으로 발전했어요.

어느 문자에든 그것을 만들거나 사용한 사람들의 소중한 이야기가 담겨 있어요. 또 문자마다 고유한 역사와 문화도 품고 있지요. 그래서 문자를 살펴보면, 그 문자를 사용하는 민족의 역사와 문화까지 이해할 수 있어요.

 이 책에는 단순히 문자만 아니라 그것에 얽힌 역사와 문화 등 신기하고 재미있는 이야기가 가득 실려 있어요. 따라서 책을 읽다 보면 저절로 이야기 속으로 빠져들게 되지요. 자 그럼, 어떤 신기하고 재미있는 이야기들이 펼쳐져 있는지 우리 함께 문자 속으로 들어가 봅시다.

정회성

차례

작가의 말 4

1장 문자의 탄생

- 문자란 무엇일까? 12
- 문자가 없던 시절에는 어떻게 기록했을까? 16
- 고대 문명은 어떤 문자를 썼을까? 20
- 메소포타미아 문명의 쐐기 문자 21
- 쐐기 문자와 길가메시 이야기 25
- 이집트 문명의 히에로글리프 26
- 히에로글리프가 적힌 로제타석 31
- 황허 문명의 갑골 문자 32
- 인더스 문명의 인더스 문자 36
- 그 밖의 문자들 37
- 마야 문명의 마야 문자 39
- 해독되지 않은 고대 문자들 42
- 온종일 글씨만 쓰는 필경사 44
- 어디에 무엇으로 글씨를 썼을까? 46
- 문자의 발전에 날개를 달아 준 인쇄 49

2장 알파벳과 한자

 +  =

- 알파벳은 어떻게 만들어졌을까? 54
- 유럽 문화의 토대를 이룬 그리스 문화 57
- 로마로 간 알파벳 58
- 영어와 알파벳 60
- 뜻을 지닌 문자, 한자 63
- 한자의 여섯 가지 원리 65
- 다양한 한자의 글자체 70

3장
세계 여러 나라의 문자

람캄행 대왕이 만든 태국 문자 76
외국인이 만든 베트남 문자 80
사람 이름을 딴 러시아의 키릴 문자 84
배우기 쉬운 인도네시아 문자 87
중남미로 퍼져 나간 스페인 문자 89
신이 내린 아랍 문자 91
오랜 역사가 있는 인도의 힌디어 문자 96
사라져 가는 몽골의 문자, 몽골 비칙 100
아프리카 고유의 문자, 에티오피아 문자 103
신기하고 아름다운 조지아 문자 106
캐나다 이누이트의 이누크티투트 문자 109
한자에서 비롯된 일본 문자 111
세계의 문자를 하나로 합친다면? 115

4장
독창적이고 과학적인 한글

세종 대왕은 왜 한글을 만들었을까? 120
한글을 반대한 사대부 123
한글은 왜 과학적인 문자일까? 126
지금의 한글이 있기까지 130
한글날은 어떻게 시작되었을까? 133

5장
또 다른 형태의 문자

멀리 소식을 전하는 모스 부호 136
현대판 상형 문자, 픽토그램과 아이콘 139
문자 역할을 톡톡히 하는 이모티콘 141
수학의 연산 부호 143
의미를 효과적으로 표현하는 문장 부호 145
음악의 문자, 악보 149
새로운 시대의 문자 150

1장
문자의 탄생

인류는 오랫동안 문자 없이 생활했어.
문자는 인류가 지구상에 나타나고 나서 수백만 년이 흐른 뒤에야
사용되기 시작했지. 문자가 없었던 옛날에는 어땠을까?
문자가 만들어지기 전에도 사람들은 서로 의사를 전달할 수 있었어.
하지만 문자가 없다 보니 무언가를 기록하여
훗날까지 남기는 일은 거의 불가능했지.
그렇다면 인류는 어떻게 문자를 만들기 시작했을까?
지금부터 궁금한 것들을 하나하나 알아보자.

문자란 무엇일까?

 인간은 만물의 영장이라는 말이 있어. 인간이 세상에 있는 모든 것 중에서 가장 뛰어난 능력을 지닌 존재라는 뜻이지. 대체 그 뛰어난 능력은 무엇일까? 여러 가지를 들 수 있지만 무엇보다 문자를 사용하는 능력을 꼽을 수 있어.
 인간은 자기의 의견이나 생각을 문자로 나타내어 의사소통을 하고, 무언가를 기록하여 후세에 남겼어. 이는 다른 동물에게는 없는 능력으로 오직 인간만이 지녔지.
 물론 인간이 처음부터 문자를 사용하지는 않았어. 인류가 지구상에 최초로 나타난 시기는 기원전 500만~300만 년인데 비해 최초의 문자는 5천~6천 년 전에 나타났어. 그러니까 인류가 나타나고도 수백만 년이 흐른 뒤에야 문자가 사용되기 시작했지.

그렇다면 문자란 대체 무엇일까? 문자가 무엇인지 알기 위해서는 먼저 문자가 어떻게 만들어지게 되었는지부터 살펴볼 필요가 있어.

문자가 없던 아주 먼 옛날 사람들은 말과 몸짓으로 의사소통을 했어. 당시에는 사람들이 작은 무리를 이루고 살아서 문자가 없어도 크게 불편하지 않았지. 집 근처에서 사냥을 하고, 깜깜한 밤이 되면 한곳에 모여 잠이 드는 단순한 일상이었으니까 말이야.

그런데 시간이 갈수록 무리의 수가 많아졌어. 사람들은 더 많은 식량을 구하기 위해 더 먼 곳까지 나갔지. 또 이웃 마을에 누군가를 만나러 가기도 했어. 이렇게 사람들이 활동하는 범위가 점차 넓어지자 문제가 생겼어. 멀리 나온 사람들이 마을에 남아 있는 사람들에게 소식을 전할 방법이 없었거든. 잠시 어디에 와 있다거나 산에 사냥감이 많이 있으니 와서 도와 달라거나, 해야 할 말을 전할 수 없으니까 무척 답답했어.

결국 사람들은 서로 멀리 떨어져 있어도 소식을 알릴 수 있는 방법을 생각해 냈어. 북소리와 연기도 그런 방법 가운데 일부였지. 북소리는 제법 멀리까지 들렸어. 연기 역시 바람을 타고 퍼져 나가 내가 어디에 있는지 상대방에게 알릴 수 있었지. 또 적이 쳐들어온다든지 하는 마을의 위급한 상황을 알릴 수도 있었고 말이야.

하지만 연기와 북소리를 사용하는 데에도 문제는 있었어. 북소리는

제때 듣지 못하면 소식을 받을 수 없었고, 비가 오거나 바람이 많이 부는 날에는 연기만으로는 제대로 연락할 수 없었거든.

   사람들은 궁리 끝에 이번에는 동굴 벽이나 나무, 돌에 그림을 그리기 시작했어. 하지만 이 역시 문제가 있기는 마찬가지였어. 하나의 그림을 두고 보는 사람마다 제각각으로 해석했거든. 최초에 기록을 남긴 사람이 의도한 대로 정보를 전달하기 어려웠지.

   이러한 문제점들을 해결하기 위해 사람들은 약속을 정했어. 그림을 단순하게 그려서 여러 사람이 보아도 같은 의미를 떠올릴 수 있도록 했

지. 하지만 안타깝게도 이 방법 역시 성공하지 못했어.

정보를 전달하는 또 다른 방법은 기억이었어. 아랍인들은 이슬람교의 경전인 코란을 사람들에게 전하기 위해 기억력이 뛰어난 사람을 뽑아 전문적으로 암기를 하는 '하피즈'를 양성했지. 하지만 인간의 기억력은 한계가 있기 때문에 기억만으로 정보를 효과적으로 전달하기는 어려웠어.

이런 시행착오 끝에 사람들은 누군가에게 자기 이야기를 전하거나 혹은 무언가를 훗날까지 남기려면 어떤 형태든 기록이 필요하다고 생각했어. 그런 생각이 발전하여 오늘날 우리가 사용하는 문자가 되었지. 그러니까 문자는 기록을 위해 만들어진 인류의 약속이자 기호라고 할 수 있어.

문자가 없던 시절에는 어떻게 기록했을까?

좁은 의미에서 문자란 사람의 음성 언어, 즉 우리가 쓰는 말로 바뀔 수 있는 기호만을 가리켜. 하지만 넓은 의미에서는 부호나 무엇인가를 상징하는 기호 또는 그림도 문자로 볼 수 있지.

아주 먼 옛날, 완전한 형태의 문자가 없던 시절에 인간은 어떻게 기록을 했을까? 앞서 말한 것처럼 그림을 그리거나 나무, 조개껍데기 또는 매듭 등을 이용하여 기록했어. 이 중에서 매듭은 물건이나 가축의 수를 계산할 때 주로 사용했지.

남아메리카의 잉카 제국에서는 '키푸'라는 매듭으로 기록했어. 끈의 종류와 색깔, 길이로 물건의 수량이나 종류를 나타냈지. 매듭은 중국, 오스트레일리아, 일본의 오키나와에서도 사용했어.

어떤 사물이나 생각을 구체적으로 표현했다는 점에서 인류가 맨 처음에 남긴 기록은 그림이랄 수 있어. 구석기 시대의 동굴 벽화는 인류

가 처음으로 만들어 낸 기호 또는 문자로도 볼 수 있지.

　세계적으로 유명한 구석기 시대의 동굴 벽화로는 라스코 동굴 벽화가 있어. 이 벽화는 1940년 9월 12일 발견되었지. 프랑스 남서부 도르도뉴 지방의 몽티냐크 마을에 사는 소년 4명이 베제르라는 계곡을 탐험하고 있었어. 중세 시대의 성으로 이어지는 비밀 통로가 있다는 전설을 확인하기 위해서였지.

　탐험 중에 소년들은 커다란 동굴을 발견했어. 동굴 벽과 천장에는 동물 그림이 잔뜩 그려져 있었어. 마치 살아서 뛰어다니는 모습처럼 생

▲ 알타미라 동굴 벽화　　　　　　▲ 라스코 벽화

　동감이 느껴지는 황소, 들소, 순록, 말 그림이 800여 점 이상이나 있었지. 이 그림이 바로 라스코 동굴 벽화야. 이 벽화는 스페인의 알타미라 동굴 벽화와 함께 구석기 시대 동굴 벽화로 아주 유명해. 지금까지 전 세계에서 발견된 구석기 시대의 동굴 벽화는 300개가 넘어.

　어떻게 벽에 그린 그림이 문자냐고 생각할 수도 있어. 하지만 벽화는 그냥 심심해서 그린 것이 아니야. 옛날 사람들은 그림을 통해 신과 대화할 수 있다고 믿었기 때문에 자신들의 희망을 담아 그림을 그렸어. 특히 동굴 속 동물 그림은 신에게 '오늘도 사냥을 많이 하고 무사히 돌아올 수 있게 해 주세요.'라는 뜻을 담은 기도문이나 마찬가지야. 뜻이 담겨 있기 때문에 단순한 그림이 아니라 문자라고 볼 수 있지.

　앞에서 살펴본 것처럼 먼 옛날 인류가 사용한 원시 문자로는 계산 막대, 매듭, 조개껍데기, 벽화 등을 들 수 있어. 물론 이것들은 본격적인 의미에서 문자라고 볼 수 없을지도 몰라. 하지만 어느 정도는 문자의 기능을 했고, 본격적인 문자의 발생에 기초가 되었다는 점에서 큰 의미가 있어.

바위에 그린 그림, 암각화

문자가 없었던 시대의 기록으로는 암각화도 있어. 암각화는 바위 위에 그린 그림을 말해. 세계 곳곳에서 발견되는데, 우리나라에서는 신석기 시대 이후에 그려졌다고 추정되는 울산광역시 울주군의 반구대 암각화가 유명하지. 반구대 암각화에는 고래와 개, 호랑이, 사슴, 멧돼지, 곰 등을 비롯하여 고래를 잡는 모습이나 배와 어부의 모습, 사냥하는 모습 등이 새겨져 있어. 암각화는 당시 사람들이 어떻게 살았는지 짐작할 수 있는 중요한 자료야.

▲ 반구대 암각화

고대 문명은 어떤 문자를 썼을까?

아주 먼 옛날부터 인간은 무리 지어 살면서 주변 환경을 이용하여 끊임없이 발전해 왔어. 그러면서 물질적 또는 기술적으로 세련된 사회를 이루었는데 이를 문명이라고 해. 하지만 문명은 어느 지역에나 골고루 발달하지 않았어. 몇몇 지역에서만 일찍부터 문명이 발달했지.

대표적으로 서아시아의 메소포타미아 문명, 아프리카의 이집트 문명, 중국의 황허 문명, 인도의 인더스 문명을 들 수 있어. 이를 세계 4대 문명이라고 해. 4대 문명이 일어난 곳은 모두 자연 환경이 좋았어. 지리적

으로 큰 강을 끼고 있는 데다 따뜻한 기후, 기름진 땅이 있어서 일찍부터 농업이 발달했지.

그러면서 농작물, 가축, 인구 등이 점점 많아졌어. 풍부한 농작물을 바탕으로 도시가 들어서자 체계적으로 도시를 관리할 수단이 필요해졌어. 바로 문자가 필요했던 거야.

4대 문명지에서 발상한 문자는 저마다 모양과 쓰임이 달랐어. 하지만 공통적으로 원시 문자가 지닌 단순한 기록과 초보적인 의사소통 단계에서 벗어나 보다 발전된 모습을 보인다는 특징이 있지. 지금부터 각각의 문명에 어떤 문자가 있는지 살펴볼까?

메소포타미아 문명의 쐐기 문자

기원전 3200년 무렵 메소포타미아에는 수데르인이 살고 있었어. 메소포타미아는 그리스어로 강 사이 지역이라는 뜻이야. 실제로 이곳은 티그리스강과 유프라테스강 사이에 있어. 몇 개의 도시로 이루어진 메소포타미아는 각 지역을 다스리는 영주와 왕이 있는 도시 국가였지.

문자가 없던 시절에는 왕이나 영주가 나라를 다스리는 데 어려움이 많았어. 왕 또는 영주의 명령을 백성들에게 제대로 전달할 수 없었거든. 명령을 전달하려면 신하들이 한마디도 빠짐없이 외우고 있어야 했지. 하지만 아무리 열심히 외워도 여러 사람의 입을 거치다 보니 내용이 조금씩 달라졌어. 심지어 처음 말과 전혀 다른 말이 전달되기도 했지.

문자가 없어서 불편했던 건 종교 의식도 마찬가지였어. 당시 수메르인들은 신을 섬기는 일을 아주 중요하게 여겼어. 신전을 세우고 제물을 바치는 일이 나라에서 가장 중요한 의식으로 치러졌지. 그런데 매번 어떤 제물을 얼마나 바쳤는지 알 수가 없었어. 아무리 잘 기억하려고 해도 사람의 기억력에는 한계가 있잖아. 결국 수메르인들은 궁리 끝에 기록할 방법을 생각해 냈어. 바로 찰흙으로 빚은 점토판이었지.

수메르 사람들은 점토판 위에 끝이 뾰족한 끌 같은 도구로 간단한 그림을 그렸어. 가축 한 무리는 암소 머리 하나, 밀은 이삭 하나, 이런 식으로 말이야. 이런 단순한 그림이 인류 최초의 문자가 되었어. 고고학자들은 가장 오래된 문자로 메소포타미아 지역에서 발견된 그림 문자를 꼽아.

점토판은 기록한다는 점에서는 의미가 있었지만 사용하는 데에는 불편이 따랐어. 사물마다 그림이 정해져 있었기 때문에 사물의 수만큼 문자의 수도 많았거든. 기록을 하려면 그 많은 그림 문자를 모두 외워야만 했지. 게다가 딱딱한 점토판 위에 그림을 새기기는 쉽지 않았어.

시간도 오래 걸리고 모양이 조금만 달라져도 알아보기가 힘들었지.

이런 문제를 해결하려고 사람들은 그림 문자에 있는 곡선을 직선으로 바꿨어. 이렇게 해서 기원전 3500~3000년 무렵에 등장한 문자가 바로 쐐기 문자야. 문자 모양이 목공소에서 사용하는 나무못인 쐐기와 닮아서 붙여진 이름이야. 이를 설형 문자라고도 해. 쐐기 문자는 수평 모양(┝), 수직 모양(┌), 대각선 모양(⟨)이 기본인데 이것들이 조합을 이루어 다양한 글자가 만들어졌어.

사람들은 쐐기 문자를 사용하면서 글씨를 보다 편리하게 썼어. 하지만 여전히 사물마다 나타내는 문자가 다르다 보니 문자 전체의 수가 무척 많았지. 이런 불편을 해결하기 위해 사람들은 '레부스'를 생각해 냈어.

레부스는 사물을 직접 그리는 대신 소리를 합쳐서 다른 물건으로 나타내는 거야. 예를 들어 공책을 나타내고 싶으면, 공책을 직접 그리는 대신 '공'과 '책'을 그리는 방법이지.

쐐기 문자는 레부스를 통해 소리까지 나타낼 수 있게 되면서 더욱 발전했어. 1천500여 개가 넘던 문자 수가 600여 개까지 줄어 사용하기에도 편리해졌지.

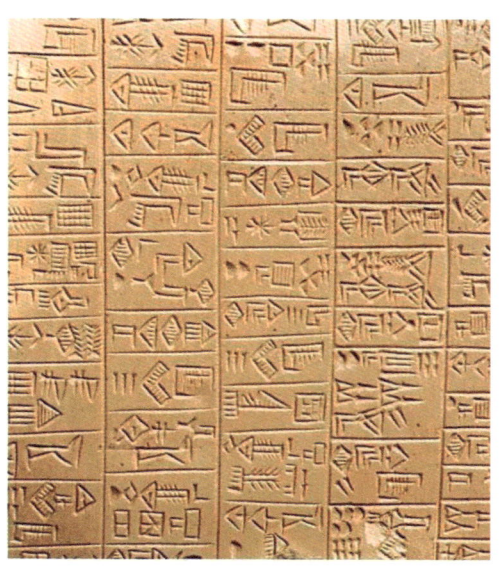
▲ 쐐기 문자

쐐기 문자의 사용이 편리해지자 차츰 주변 나라에 퍼져 나가기 시작했어. 당시 수메르 북쪽에는 아카드인이 살고 있었어. 아카드인은 수메르인과 전혀 다른 말을 썼지. 하지만 문자가 없어서 쐐기 문자를 빌려 썼어. 아카드어 발음에 맞춰서 쐐기 문자를 조합해서 사용했지.

아카드인 외에도 여러 나라 사람들이 쐐기 문자를 가져다 다양한 모양으로 발전시켰어. 지금의 시리아와 이란 등에서는 쐐기 문자를 기초로 하여 만든 문자를 사용했지. 이처럼 널리 사용되던 쐐기 문자는 안타깝게도 기원전 330년, 알릭산더 대왕이 메소포타미아 지역을 정복하면서 역사 속으로 사라지고 말았어.

쐐기 문자와 길가메시 이야기

역사 속으로 사라졌던 쐐기 문자가 세상에 소개된 건 1851년이었어. 영국의 고고학자 오스틴 헨리 레이어드 경이 이라크 아슈르바니팔 궁전의 지하 서고에서 점토판을 발견했지. 점토판은 모두 12개였는데, 거기에는 쐐기 문자가 쓰여 있었어.

하지만 그 내용이 무엇인지 알 수 없었어. 쐐기 문자를 해독할 줄 아는 사람이 없었거든. 점토판은 영국 런던의 대영 박물관으로 보내져 그곳에 보관되었지. 그러다 1872년 아시리아 연구가 조지 스미스가 그 점토판을 발견했어. 점토판에 무엇이 적혀 있는지 궁금한 조지 스미스는 문자를 해독하기 위해 밤낮을 가리지 않고 노력했어. 그리고 마침내 결

▲ 길가메시 서사시가 적힌 점토판

실을 얻었지.

　점토판에는 메소포타미아 문명을 일군 수메르의 도시 국가 우루크를 통치한 우루크의 5대 왕 길가메시의 일생을 다룬 이야기가 적혀 있었어. 반은 사람이고 반은 신인 길가메시 왕이 죽지 않는 약을 찾아 여행을 하며 겪은 여러 가지 모험 이야기였지. 기원전 2000년 무렵에 쓰였으리라 추정되는 이 점토판의 이야기는 세계에서 가장 오래된 기록이자 쐐기 문자로 담긴 최초의 문학 작품이야.

이집트 문명의 히에로글리프

　기원전 3000년 무렵 나일강 유역에서 세계 4대 문명 중 하나인 이집트 문명이 시작되었어. 찬란한 문화를 자랑하는 고대 이집트가 탄생한 거야. 고대 이집트는 파라오라는 군주가 다스렸는데, 측량술과 태양력

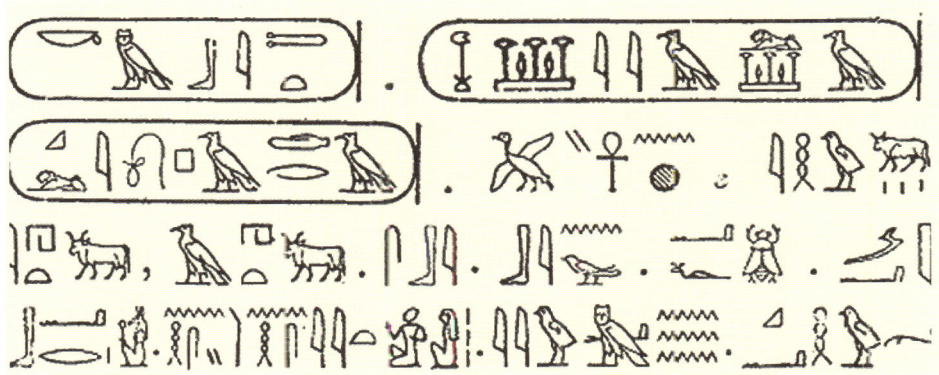

▲ 히에로글리프

이 발달했지.

　고대 이집트에서는 히에로글리프라는 문자를 사용했어. 쐐기 문자와 함께 가장 오래된 문자 중 하나지. 히에로글리프는 '성스러운 새김 문자'라는 뜻인데, 국가의 중요한 문서를 작성할 때 쓰였어. 피라미드 벽, 기념비, 동상, 사원 등에도 쓰였지. 종교 의식에도 많이 쓰여서 '신성 문자'라고도 해. 나무나 돌에 새겼기 때문에 '성각 문자'라고도 불리지.

　히에로글리프가 어떻게 만들어졌는지에 대해서는 학자마다 의견이 달라. 쐐기 문자의 영향을 받아서 생겼다고 주장하는 학자가 있는가 하면, 이집트인들이 독자적으로 만들었다고 주장하는 학자도 있어. 분명한 것은 히에로글리프도 상형 문자라는 사실이야.

　히에로글리프는 문자 하나가 여러 가지 뜻을 지녔어. 우리 말의 '배'

가 먹는 배, 사람 몸의 배, 물 위를 다니는 배의 의미를 동시에 갖고 있는 것처럼 말이야. 사정이 이렇다 보니 의사를 전달할 때 헷갈리기 쉬웠지.

그런 문제를 해결하기 위해 고대 이집트 사람들은 '한정사'를 사용했어. 한정사는 단어 뒤에 붙어서 발음은 하지 않지만 그 단어의 종류를 결정하지. 예를 들어 운동을 가리키는 모든 단어 뒤에는 걷는 동작을 나타내는 두 다리를 그려서 의미를 정확하게 했어.

히에로글리프의 문제는 또 있었어. 워낙 정교하고 세밀한 문자다 보

히에로글리프는 띄어 쓰지 않는다?!

히에로글리프는 띄어쓰기를 하지 않아. 모든 글자가 한 단어처럼 붙어 있지. 읽는 방향도 정해져 있지 않아서 오른쪽에서 왼쪽으로, 또는 왼쪽에서 오른쪽으로 읽을 수 있어. 때로는 위에서 아래로 쓰고 읽기도 하지. 읽는 방향은 글에 적힌 새나 사람, 동물의 방향을 보면 알 수 있어. 새가 오른쪽을 보고 있으면 오른쪽에서 왼쪽으로 썼다는 뜻이야. 아주 독특하고 재미있는 방법이지.

니 기록하는 데 시간이 많이 걸렸지. 사람들은 히에로글리프를 더 빨리 쓰려고 흘려 쓰기도 했는데 이를 '신관 문자'라고 해. 주로 신을 받들어 모시는 일을 맡은 사람들이 썼기 때문에 붙여진 이름이야.

기원전 8세기 무렵에는 신관 문자가 더 단순해져서 '민중 문자'라는 서체로 변했어. 민중 문자는 종교뿐만 아니라 법률이나 행정, 문학 분야에도 널리 쓰였지.

히에로글리프 역시 다른 원시 문자들처럼 글자 수가 많았어. 게다가 어려워서 특정 계층을 뺀 나머지 사람들이 문자를 읽고 쓰는 데 무척 애를 먹었지. 복잡한 기호와 숫자를 외우고 쓰기 쉽지 않았으니까 말이야. 오죽하면 전문적으로 글자를 쓰는 '필경사'라는 사람이 따로 있었겠어. 필경사는 글자를 다

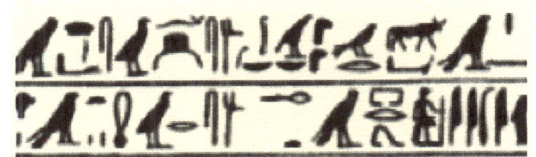

▲ 신성 문자

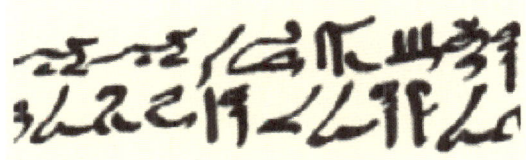

▲ 신관 문자

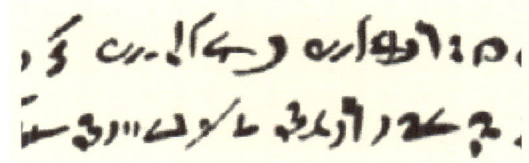

▲ 민중 문자

루는 능력이 있는 만큼 엄청난 권력을 가지고 있었어. 왕과도 맞먹을 정도였지.

히에로글리프는 불편한 점이 개선되지 않아 많은 사람들이 사용하지는 못했지만 이집트 문명이 발달하면서 전 세계의 여러 문자에 영향을 주었어. 오늘날 지구상에서 쓰이는 여러 문자의 조상이라고도 할 수 있단다.

히에로글리프가 적힌 로제타석

쐐기 문자와 마찬가지로 베일에 쌓여 있던 히에로글리프는 전쟁 중에 발견되었어. 1799년 유럽의 여러 나라들이 서로 힘겨루기를 하듯 전쟁을 하고 있을 때였어. 나폴레옹의 부대가 이집트에서 전투를 벌이던 중, 피에르 부샤르라는 대위가 지중해 변의 작은 마을 로제타에서 커다란 비석을 발견했어.

비석에는 이집트의 히에로글리프와 그리스 문자, 그리고 아랍 문자가 쓰여 있었지. 역사적으로 중요한 자료라는 것을 단번에 알아차린 대위는 비석을 장군에게 가져갔어. 장군은 비석을 소중하게 간직했지.

1801년 프랑스는 영국에게 패했고, 영국은 그 비석을 자기네 나라로

▲ 로제타석

가져가 버렸어. 하지만 프랑스에서는 비석에 적힌 글씨를 종이에 본떠 놓았어. 그 자료를 두고 많은 사람들이 해독하기 위해 연구했지. 그러던 중 프랑스의 장 프랑소아 샹폴리옹이 1882년 해독에 성공했어. 이로써 히에로글리프를 해독할 수 있게 된 거야. 로제타석은 현재 영국 런던의 대영 박물관에 보관되어 있어.

황허 문명의 갑골 문자

중국의 황허강 유역에서 일어난 황허 문명은 동아시아에서 가장 오래된 문명이야. 기원전 5000년 무렵부터 황허 지역에서는 신석기가 시작되어 기장이나 좁쌀 같은 곡식을 재배하고 가축도 길렀어. 긴 강과 함께 평지가 많아서 사람들이 모여 살기에 아주 적당했기 때문에 일찍부터 나라가 생겼지.

황허 지역에 어떤 나라가 들어섰고 어떤 문자가 쓰였는지는 오랫동안 알려지지 않았어. 19세기 직전까지 이 지역은 베일에 싸여 있었지. 그런데 그 베일을 벗긴 사람이 나타났어. 바로 청나라의 왕의영이라는 학자야.

당시 말라리아에 걸려 고생하던 왕의영은 용골을 먹으면 병이 낫는다는 말을 들었어. 용골은 화석이 된 포유류의 뼈로, 옛날에는 한약재로 사용되었어. 왕의영은 말라리아를 치료하기 위해 용골을 사다가 가루로 빻아서 먹었지.

어느 날 유악이라는 사람이 왕의영에게 병문안을 왔다가 용골을 보고 깜짝 놀랐어. 유악은 소설가이자 고대 문자에 관심이 많은 사람이었는데, 용골에 고대 문자가 쓰여 있었던 거야.

두 사람은 용골이 어디에 있는지 궁금했어. 수소문한 끝에 허난 성의 샤오툰에 용골이 있다는 소식을 듣고 곧바로 달려갔지. 과연 그곳에는 수많은 용골이 있었어. 또 다른 유

▲ 갑골 문자

물도 많았는데, 그곳은 바로 기원전 180년 무렵에 세워진 은나라의 수도였어.

용골에 새겨진 글자는 은나라에서 쓰던 갑골 문자였어. '갑'은 거북의 등딱지를 뜻하고, '골'은 소뼈를 뜻하는 말이야. 주로 거북의 등딱지나 소뼈에 글씨를 많이 썼기 때문에 갑골 문자라고 하지.

은나라 사람들은 짐승의 뼈에 글자를 새기고 구멍을 뚫어서 불에 구운 다음, 그 표면에 나타나는 선이나 갈라지는 모양을 보고 길흉을 점 쳤어. 짐승의 뼈로 점을 치는 풍습은 신석기 시대부터 있었어. 하지만 뼈에 글자를 새긴 것은 은나라 때부터였지.

은나라는 갑골 문자로 왕이나 국가의 앞날, 농사, 군사 문제 등을 기록했어. 일반 백성이 아닌 권력이 있는 사람들만 사용할 수 있는 문자였지.

기존 상형 문자보다 모양이 훨씬 더 세련된 갑골 문자는 기원전 1500년 무렵에 만들어졌다고 추정되고 있어. 한자의 가장 오래된 형태라고 할 수 있지. 1900년대에 들어서야 해석되기 시작한 갑골 문자는 현재 4천500여 개가 알려져 있어. 그중 해독된 것은 절반 정도밖에 되지 않아. 아직도 많은 학자들이 갑골 문자를 해독하려고 연구하고 있지.

인더스 문명의 인더스 문자

　기원전 2800년에서 1600년 사이에 인도의 인더스강 유역에서 인더스 문명이 일어났어. 인더스 문명도 다른 문명처럼 고유 문자를 가지고 있었어. 바로 '인더스 문자'야.

　인더스 문자는 1842년에 지금의 인도와 파키스탄의 경계인 펀자브 지방 하라파 유적지에서 맨 처음 발견되었어. 아이 손바닥만 한 도장 모양에 새겨진 상형 문자라서 '인장 문자' 또는 '도장 문자'라고도 부르지.

　인더스 문자가 어떤 곳에, 어떤 용도로 사용되었는지는 밝혀져 있지 않아. 게다가 인더스 문명이 멸망하면서 문자도 거의 사라진 탓에 아직도 해독을 못하고 있지. 현재 인도에서 사용되고 있는 브라흐미 문자는 인더스 문자와 형태가 너무 달라서 두 문자의 연관성도 찾기 어려운 상황이야. 그렇다고 미리부터 낙담하거나 아쉬워할 필요는

▲ 인더스 문자

없어. 인류는 끊임없이 역사적 유물을 찾기 위해 노력하고 있으니까 언젠가는 인더스 문자의 비밀도 풀릴 거야.

그 밖의 문자들

앞서 살펴본 4대 문명 외에도 우리 인류에게 많은 문화적 유산을 남긴 문명이 있어. 대표적으로 잉카 문명, 아스테카 문명, 마야 문명을 들 수 있지. 이들 문명은 4대 문명지와는 동떨어진 남아메리카에서 발갈

했어. 강을 중심으로 발달하지도 않았지.

이곳에 사는 사람들은 산지를 계단식으로 만들거나 인공 수로를 만들어 농사를 지었어. 일찍이 수학과 과학이 발달했고 문명의 수준도 높

잉카 문명의 키푸

잉카 문명에서는 오랫동안 원시 문자인 키푸를 사용했어. 키푸는 '매듭' 또는 '매듭을 짓다'는 뜻이야. 한자어로 '결승 문자'라고도 해. 키푸는 매듭을 이용하여 농산물의 생산량이나 품목, 창고의 재고량, 인구 수 등을 기록하는 데 썼어. 땅을 분배할 때와 세금 납부 등 행정적인 기록을 할 때도 썼지. 그런데 키푸는 다른 문자처럼 체계적이지 않았어. 더욱이 외부 세력의 침략으로 대부분 소실되어 그 기능이 아직은 완전히 밝혀지지 않았지.

◀ 키푸

았지. 그런데 잉카 문명, 아스테카 문명, 마야 문명 중에서 고유의 문자를 가진 곳은 마야 문명 정도야.

아스테카 문명은 마야 문명이 10세기 무렵 멸망하자 이곳 주민의 일부가 멕시코 중앙 고원으로 이주하면서 생겼어. 따라서 아스테카의 고대 문자는 곧 마야의 고대 문자라고 할 수 있지.

마야 문명의 마야 문자

마야 문명은 기원전 1500년 무렵부터 기원후 1500년까지 약 3천 년 동안 고대 멕시코 및 과테말라를 중심으로 번성했어. 마야 사람들은 옥수수를 재배하고 계단식 피라미드 사원을 세우며 높은 수준의 문화를 누렸지. 고유의 문자도 있었어.

마야 문자는 매우 복잡한 그림 기호들로 되어 있었어. 마치 네모 안에 알 수 없는 부호를 그려 넣은 모습이었지. 여기에는 뜻을 나타내는 글자와 음을 나타내는 글자가 섞여 있었어. 대부분의 글자는 한 음

▲ 마야 문자

절을 나타내는데, 두 음절이 넘는 단어를 만들 때는 글자를 섞어서 만들었어. 음절은 글자 하나하나가 지닌 소리를 말해.

 마야 문자의 큰 특징 중 하나는 장식용으로도 많이 사용되었다는 점이야. 마야 사람들은 글자를 주로 동물 가죽이나 나무껍질을 물에 불

려서 만든 긴 두루마리 종이에 썼어. 필기도구로는 동물 털로 만든 붓이나 뾰족한 도구를 사용했지.

색을 칠하기 위한 물감도 만들었어. 주로 채소로 즙을 내거나 자연에서 얻은 재료로 검정색, 회색, 파랑색, 초록색, 빨간색, 황토색 등 다양한 색깔을 만들었지. 꽃병이나 보석은 물론이고 신전과 궁전을 장식할 때도 마야 문자를 새겨 넣었어.

마야의 문자는 지금까지 950여 개가 발견되었어. 전 세계 어떤 문자와도 닮은 데가 없을 정도 아주 독특하지. 하지만 마야 문자도 16세기에 스페인의 침략으로 대부분 사라졌어. 당시 스페인 사람들은 마야 문자로 기록된 것들을 '악마의 흔적'이라며 불태워 버렸지. 극히 일부만 연구 자료로 남겨 두었는데, 다행스럽게도 그 자료를 통해 마야 문자가 세상에 알려졌어. 학자들은 오랜 세월 마야 문자를 해독하기 위해 노력했지. 그 결과 지금은 마야 문자의 상당 부분이 해독된 상태야.

해독되지 않은 고대 문자들

고대 문자들은 앞에서 살펴본 것 외에도 많아. 하지만 외부의 침략으로 없어지거나 있어도 아직 해독되지 않은 문자들이 많지. 그중 하나가 원 엘람 문자야. 엘람은 지금 이란의 유전 지역에 해당하는 곳이야.

기원전 3100년에서 2900년 사이에 사용되었다고 추측되는 원 엘람 문자는 이란 고원에서 만들어졌거나, 메소포타미아의 쐐기 문자의 영향을 받았다고 추정되고 있어. 하지만 아직까지 해독되지 못했기 때문에 정확한 사실은 알 수가 없어.

또 다른 고대 문자로는 '크레타 문자'가 있어. 크레타는 지중해 동부의 에게해 남쪽 끝에 있는 섬으로 고대 크레타 문명의 중심지야. 크레타 문자는 19세기 중엽 미노소스에서 발굴 작업을 하다가 이 문자가 새겨진 유적

▲ 원 엘람 문자

▲ 크레타 문자

들이 나오면서 세상에 알려졌지.

주로 돌 표면이나 진흙, 나무 같은 것에 새겨져 있는데 해독하기가 어려워. 그중 가장 해독하기 어려운 것이 '파이스토스 원판'이야. 파이스토스 원판은 1908년 크레타 남부 파이스토스에 있는 궁성 터에서 발견되었어. 이 원판은 점토를 구워서 만들었는데, 글자를 직접 새기지 않고, 점토가 덜 마른 상태에서 도장 같은 물건을 이용하여 기호를 찍었지.

▲ 파이스토스 원판

그런데 이 원판에 있는 문자들은 크레타에서 발견된 문자들과 모양이 전혀 달랐어. 그렇다면 이 글자는 어디에서 왔을까? 왜 글씨를 직접 새기지 않고 도장을 찍었을까? 안타깝게도 이런 궁금증을 해결해 줄 만한 단서는 현재까지 발견되지 않았어. 파이스토스 원판은 고대 문자 중에서도 가장 난해한 수수께끼 문자로 알려져 있지.

이렇듯 고대의 문자들은 아직까지 풀리지 않은 채 비밀로 남아 있는 것이 많아. 지금 이 순간에도 학자들이 열심히 연구하고 있지만, 크레타 문자의 경우 옛날 크레타 사람들이 나타나서 직접 설명해 주지 않는 이상 영원한 비밀로 남게 될지도 모르지.

온종일 글씨만 쓰는 필경사

문자가 인류에게 새로운 역사를 만들어 준 것은 사실이지만 모든 사람들이 편리하게 이용할 수는 없었어. 메소포타미아의 쐐기 문자나 이집트의 상형 문자인 히에로글리프는 매우 어렵고 복잡했거든. 심지어 문자를 모르는 왕도 있었지. 그래서 특별한 교육을 받고 전문적으로 문자를 읽고 쓰는 사람을 두었어. 바로 '필경사'야.

필경사는 하루 종일 글씨만 썼어. 역사적인 기록을 남기는 것은 물론, 신이나 왕을 칭송하는 글을 적는 것도 필경사의 일이었지. 필경사는 직접 들판으로 나가서 땅의 크기를 재고, 가축의 수와 추수한 농작물의 양을 계산하는 일도 했어. 일꾼들의 품삯을 계산한다든지 세금을 걷기도 하고 세금을 내지 않은 사람에게 벌을 주기도 했지.

그러다 보니 필경사가 쓰는 글자 하나에 사람들의 운명이 달리기도 했어. 글자를 읽고 쓸 줄 아는 것만으로 권력을 가지게 된 거야. 당연히 필경사는 최고의 인기 직업이었지.

그런데 중세로 넘어오면서 필경사의 대우가 달라졌어. 중세 이전의 필경사들은 창작해서 문서를 만들었지만, 중세의 필경사들은 그저 글씨를 베끼는 사람에 불과했거든. 그러면서 필경사들의 권위도 떨어졌지.

필경사들은 주로 상공업 계층인 부르주아를 위해 문서를 작성하거나 책을 필사했어. 그전까지 책은 귀족이나 성직자만 봤기 때문에 기껏해야 신학서가 전부였지만 중산층들이 책을 읽기 시작하고 대학이 세워지면서 교재를 베껴야 할 일이 많아졌어. 일거리가 밀려들자 필경사들은 스스로를 지켜 줄 수 있는 길드라는 조합을 만들고 제자들을 키우기 시작했어. 필경사를 위한 학교도 만들었지.

학생들은 모든 글씨체를 익혀서 어떠한 원고라도 막힘없이 쓸 수 있도록 7년을 공부했어. 마지막 시험에 합격하면 비로소 자신의 이름을 걸고 일을 할 수 있었어. 이렇게 어려운 과정을 모두 거쳐 필경사가 되어도 겨우 끼니만 때울 수 있을 정도의 돈만 벌었지.

돈벌이가 만만치 않자 많은 필경사가 수도원으로 들어갔어. 그곳에서 하루 종일 필사에만 몰두했지. 쉴 수 있는 시간이라고는 오직 기도하는 시간뿐이었어. 그럼에도 그들은 신을 위해 일을 한다고 생각하며 열심히 했어.

▲ 15세기 무렵 유럽의 필경사

그나마 필경사의 일도 14세기에 인쇄 기기가 나오면서 많이 줄어들었어. 나중에는 법률 문서를 작성하는 것이 유일한 일거리였지. 법률 문서를 작성하는 필경사들이 사람들 눈에는 악덕 사채업자로 보였어. 나중에는 필경사를 악덕 고리대금업자로 생각하는 경우도 있었어.

한때는 글자를 읽고 쓸 줄 안다는 것만으로 왕보다 더 큰 권위를 가졌던 필경사는 19세기 말에는 보잘 것 없는 존재가 되었어. 결국에는 역사 속으로 사라져 버렸지.

어디에 무엇으로 글씨를 썼을까?

인간이 처음으로 기록을 한 곳은 동굴 벽이었어. 이후 사람들은 더 좋은 필기도구를 만들기 위해 노력했어. 처음에는 돌이나 나무 같은 자연에서 얻을 수 있는 물건에 글씨를 썼지.

수메르인들은 점토판에 끝이 뾰족한 갈대나 뼈, 금속을 이용해서 글씨를 썼어. 점토판은 만들기도 쉽고 반영구적으로 보관할 수 있어서 메소포타미아 지방에서 많이 사용되었지.

이집트에서는 돌이나 금속에 상형 문자를 새겨 넣었어. 그러다 보니 글씨를 쓰는 데 너무 힘들어서 글씨도 부드러운 곡선이 아닌 딱딱한 직

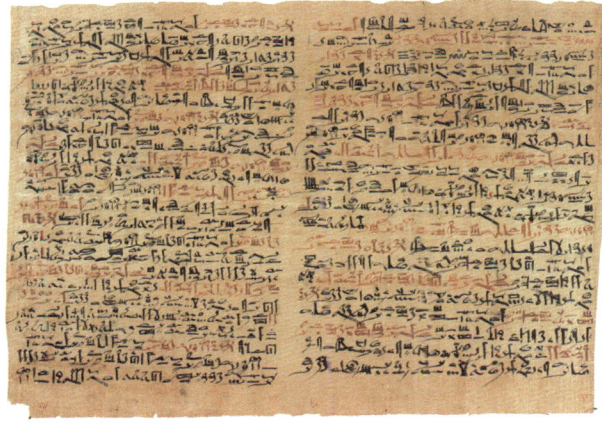
▲ 파피루스

선이 많았지. 그러다가 파피루스를 발견했어. 파피루스는 이집트의 나일 강가에 있는 갈대의 한 종류야. 줄기가 삼각형 모양이고 나무껍질처럼 단단했지.

파피루스 줄기의 껍질을 벗기고 잘 눌러서 말리면 부드러우면서도 질긴 종이가 완성돼. 파피루스에 갈대로 만든 펜으로 글씨를 쓰는 일은 돌에 글씨를 새기는 일에 비하면 아주 쉬웠지. 그런데 파피루스는 비쌌어. 게다가 한쪽 면만 사용할 수 있고 잘 찢어지는 데다가 곰팡이가 잘 피어서 보존하기가 힘들었지. 그래서 가격이 싸고 글씨가 잘 보이는 석회석이나 도자기 등을 사용하기도 했어.

파피루스에 이어 널리 사용한 것이 양피지야. 양피지는 아시아의 페르가몬에서 처음 만들었어. 기원전 2세기 무렵 이집트와 페르가몬은 서로 심하게 경쟁했는데, 이집트에서 갑자기 페르가몬에 파피루스를 공급하지 않겠다고 했지. 페르가몬에서는 글씨를 쓰기 위해 새로운 도구가 필요했어. 그래서 만든 게 양피지야.

양피지는 주로 양가죽이나 소가죽, 염소 가죽으로 만들어. 양피지를 만들려면 우선 가죽을 벗겨서 살과 털을 제거해. 그런 다음 가죽에 남은 기름을 없애기 위해서 석회 가루를 뿌리고, 석쇠에 널어서 말렸다가 부드럽게 만드는 작업을 해. 이렇게 해야 냄새가 나지 않고 글씨도 잘 써지거든.

양피지를 사용하면서 글씨를 쓰는 도구도 달라졌어. 주로 깃촉 펜을 썼지. 파피루스에 쓰던 갈대 붓은 가죽에 쓰기에는 약했거든. 양피지는 잉크가 잘 스며들어서 쉽게 번지지 않았어. 또한 질겨서 잘 찢어지지 않으니 여러 장을 한꺼번에 묶을 수도 있었지. 이렇게 해서 처음으로 책의 형태가 만들어졌어.

중국과 인도에서는 나뭇조각이나 대나무 조각에 글씨를 새기거나 먹으로 써서 끈으로 엮었어. 이것을 '목간' 또는 '죽간'이라고 해. 책(冊)이라는 한자는 바로 목간이나 죽간의 모양에서 비롯된 거야. 나뭇조각이나 대나무 조각은 쉽게 구할 수 있고 가격이 쌌지. 하지만 무겁고 부피가 커서 문제였어. 책 한 권을 만들려면 죽간과 목간을 몇 수레씩 준비해야 했으니까 말이야.

목간이나 죽간 이외에 비단에 글씨를 쓰기도 했어. 가볍고 쓰기 편해서 많은 사람이 사용했지만 목간이나 죽간보다는 가격이 비쌌지. 결국 가볍고 글씨도 잘 써지는 데다 가격도 싼 것이 없을까 해서 발명한 것이 바로 종이야. 종이가 발명되면서부터 문자는 더욱 널리 사용되었단다.

문자의 발전에 날개를 달아 준 인쇄

종이와 더불어 문자의 발전에 날개를 달아 준 위대한 발명이 있어. 바로 인쇄야. 인쇄가 발명되기 전, 문자를 대중화시킨 첫 번째 방법은 필사였어. 그런데 직접 손으로 한 글자씩 쓰다 보니 힘도 들고 시간도 많이 걸렸지. 사람들은 어떻게 하면 빠르고 정확하게 글씨를 쓸 수 있을까 고민하다가 인쇄를 발명했어.

처음에는 나무판을 조각해서 찍어 냈어. 나무를 평평하게 다듬은 다음에 글씨를 반대로 새겨서 물감이나 먹을 묻혀 찍어 냈지. 한꺼번에 많은 글자를 정확하게 찍어 낼 수 있으니 무척 편했어.

세계 최초의 목판 인쇄물은 바로 고려 시대에 만든 우리나라의 《무구정광대다라니경》으로 불국사에 있는 석가탑에서 발견되었어. 당시 우리나라 목판 인쇄 기술은 세계 최고였어. 몽골의 침입이 잦아서 나라를 지켜 달라는 염원을 담아 목판을 새기기 시작한 것이 크게 발전했지.

그때 만든 초조대장경과 소실대장경은 불타고 팔만대장경만 남아 있어. 1236년부터 16년에 걸쳐 완성한 대장경은 모두 81,258개의 목판에 새겨 넣었기 때문에 팔만대장경이라고 불러. 놀랍게도 8만 장 이상의 판목 글씨체가 똑같고, 무엇보다 틀린 글자가 하나도 없어. 팔만대장경은 문화적인 가치를 인정받아 1995년에 유네스코 세계 문화유산으로 지정되었지.

15세기에 들어서자 활자 인쇄기가 등장했어. 독일의 구텐베르크라는 사람이 볼록한 납 활자를 이용해서 종이에 글씨를 찍어 내는 기계를 발명했지. 인쇄기가 나오자 빠른 시간 안에 많은 책을 복제해 낼 수 있었어.

1450년 구텐베르크는 《36행 성서》라는 유럽 최초의 금속 활자본을 만들었어. 고딕 서체로 찍힌 이 책은 성경책인데 글씨에 색칠까지 되어 있었지. 빠르고 간편하며 예술성까지 갖춘 완벽한 책이었어.

인쇄술의 발전에 큰 도움을 주었던 것이 바로 종이야. 종이를 만드는 제지술과 글자를 찍어 내는 인쇄술은 서양보다 동양이 훨씬 앞서 있었어.

세계에서 최초로 종이를 만든 나라는 중국이었어. 2세기 무렵에 발명되었다고 추정되지. 마를 물에 담갔다 씻어서 짓이기면 펄프가 나오는데, 여기에 물과 전분을 넣어서 종이를 만들었지.

중국은 제지술을 비밀로 꼭꼭 숨기고 있었어. 하지만 8세기 무렵 사라센 제국과 탈라스 싸움이 일어났을 때 많은 중국인들이 포로로 잡혔어. 그들은 살아남기 위해 적에게 목숨을 구걸하며 종이를 만드는 법을 알려 주었어. 그후 아랍 상인을 통해 스페인과 시칠리아, 유럽으로 제지술이 전해지게 되었지.

세계에서 최초로 금속 활자를 만든 나라는 어디일까? 역시 우리나라, 고려야. 1234년 고려에서는 금속 활자로 《상정고금예문》을 인쇄했어. 하지만 안타깝게도 몽고군의 침입으로 소실되어서 국제적으로 인정받지 못했지.

그러다 1972년에 프랑스 파리 국립 도서관에서 《직지심체요절》이 발견되자 유네스코에서는 우리나라를 세계 최초의 금속 활자를 발명한 나라로 인정했어. 1377년에 만든 이 책은 1450년에 발명된 구텐베르크의 금속 활자보다 73년이나 빨리 만들어졌어. 우리 조상의 지혜가 정말 뛰어나지? 자랑스러운 우리 문화 유산인 《직지심체요절》은 2001년 9월에 유네스코 세계 기록 유산으로 등재되었어.

2장
알파벳과 한자

오늘날 전 세계 사람들이 가장 많이 사용하는 문자는 알파벳과 한자다. 알파벳은 유럽을 비롯하여 북아메리카, 남아메리카, 아프리카, 아시아, 오세아니아 등 거의 전 세계에서 사용되고 있어. 반면 아시아 지역에서는 한자가 가장 많이 쓰여. 두 문자 모두 아주 오랜 역사를 가지고 있어. 그런 만큼 오랜 세월에 걸쳐서 변화했지. 전 세계 문자의 뿌리이자 조상인 알파벳과 한자에 대해서 자세히 알아볼까?

알파벳은 어떻게 만들어졌을까?

알파벳은 자음과 모음을 분리하여 쓰는 문자 체계 전체를 가리켜. 러시아에서 사용하는 키릴 문자, 우리나라의 한글도 알파벳에 속한다고 할 수 있지. 흔히 알파벳 하면 떠올리는 영어 알파벳 26글자를 떠올려. 하지만 이 알파벳은 좀 더 정확히 표현하면 라틴 알파벳이야.

알파벳은 영어에서만 사용되는 문자가 아니야. 글자 모양이나 발음이 조금씩 다르기는 하지만 스페인어, 프랑스어, 독일어 등에서도 사용되고 있어. 알파벳은 오늘날 가장 많은 지역에서 사용하는 문자지.

이처럼 전 세계 수많은 사람들이 사용하는 알파벳은 누가 언제 만들었을까? 안타깝게도 알파벳의 기원에 대해서는 정확히 알려져 있지 않아. 다만 많은 학자들이 기원전 800년 무렵 그리스인들이 처음으로 쓰기 시작했다고 주장하고 있지. 그런데 알파벳은 그리스인들이 만든 문자는 아니야. 원래 그리스에는 문자가 없었는데 근처에 살던 페니키아 인들이 그리스에 문자를 전해 주었다고 해.

페니키아는 오늘날의 지중해 동쪽 기슭을 일컫는 고대 지명이야. 이 지역은 그리스·로마 문명이 꽃핀 곳이기도 하지. 당시 페니키아는 메소포타미아와 이집트를 잇는 중요한 통로였어. 게다가 배를 타고 지중해로 나가기에 아주 좋은 위치에 있었지. 그래서 일찍부터 무역이 발달했고, 경제 활동도 활발했어.

다른 나라와 무역을 하려면 꼭 필요한 게 있었어. 바로 문자였지. 어떤 물건을 얼마큼 사고팔았는지 장부에 적어야 했거든. 그래서 페니키아인들은 쓰기 쉬운 문자를 만들었는데 이것이 그리스로 전해졌지.

페니키아 문자는 22개의 자음으로만 이루어져 있었어. 그런데 여기에 그리스어의 모음이 합쳐져서 오늘날에 사용하는 알파벳의 뿌리가 되었어. 사실 알파벳이라는 용어도 그리스 문자의 첫 두 글자 '알파(α)'와 '베타(β)'에서 비롯되었어. 오늘날 여

▲ 페니키아 문자

러 분야에서 사용하는 '감마(γ)', '델타(δ)', '파이(π)', '시그마(σ)', '오메가(ω)' 같은 기호도 옛 그리스 문자에서 나왔지.

유럽 문화의 토대를 이룬 그리스 문화

페니키아 문자를 기초로 만들어진 그리스 문자는 자음 17개와 모음 7개로, 모두 24개의 글자로 이루어져 있어. 그리스는 문자를 바탕으로 다양한 분야에서 독창적인 문화를 꽃피웠어. 특히 기원전 5세기 이후 문자가 체계적으로 갖추어지면서 훌륭한 문학 작품이 탄생했지.

대표적인 작품으로는 트로이 전쟁을 다룬 호메로스의 《일리아드》와 트로이 전쟁이 끝난 뒤 귀향하는 오디세우스의 이야기를 담은 《오디세이아》가 있어. '역사의 아버지'라 불리는 헤로도토스, 철학가로 유명한 소크라테스와 플라톤도 이 시기에 등장했지.

이러한 위대한 인물들이 활약한 그리스 문화는 그리스를 넘어 주변 나라들에 전해져 더욱 발전되었어. 지금도 유럽 곳곳에는 그리스 문화의 자취가 남아 있는데, 찬란한 유럽 문화는 그리스 문화의 토대 위에서 꽃피웠다고 할 수 있지.

로마로 간 알파벳

알파벳이 세계의 중심 문자로 자리를 잡게 된 데에는 로마 사람들의 역할이 컸어. 로마는 원래 이탈리아 중부에 있는 에트루리아의 지배를 받는 작은 나라에 불과했어. 당시 에트루리아는 그리스와 서유럽의 나라들을 이어 주는 다리 역할을 했지. 그래서 일찍이 그리스 문자를 받아들였고, 이를 서유럽으로 전파했어.

에트루리아 사람들이 그리스 문자를 그대로 전파하지는 않았어. 그들은 고유의 문자를 가지고 있었어. 여기에 새로 받아들인 그리스 문자를 섞어 자신들의 언어에 맞게 새로 고쳐서 썼지.

그리스 문자에 바탕을 둔 에트루리아 문자는 로마 제국이 들어서면서 약간 바뀌었어. 제국의 주인인 로마 사람들 역시 자신들의 언어에 맞게 에트루리아 문자를 수정했거든. 결국 알파벳은 그리스 문자에서 에트루리아 문자로, 에트루리아 문자에서 로마 문자로 변했지.

알파벳을 라틴 알파벳이라고 부르는 이유는 당시 로마 사람들이 썼던 언어가 라틴어였기 때문이야. 라틴어를 나타내는 알파벳이라서 라틴 알파벳이라고 불렀지. 기원전 3세기 무렵의 로마 알파벳은 A, B, C, D, E, F, G, H, I, L, M, N, O, P, Q, R, S, T, V로 모두 19자였어. 그러다 기원전 1세기쯤 X와 Y가 추가되었지.

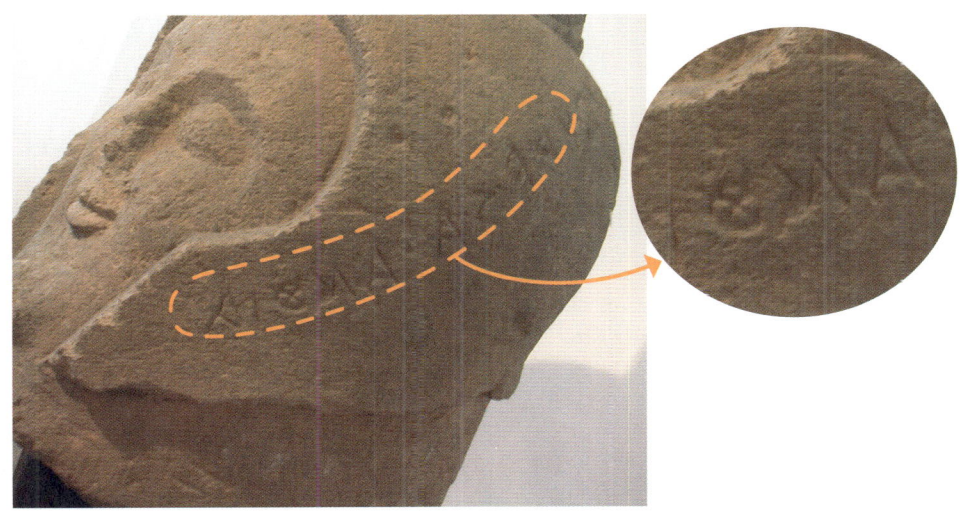

▲ 에트루리아 문자

로마의 라틴 알파벳은 로마 제국이 번창함에 따라 그 위력이 세졌고, 많은 나라에 영향을 끼쳤어. 알파벳은 처음에는 스페인, 갈리아(현재 프랑스), 게르마니아(현재 독일)의 일부를 포함한 로마 제국의 서쪽으로 퍼졌어. 그러다 중세 후기에 그리스도교가 전파되면서 유럽을 넘어 전 세계로 퍼져 나갔지.

알파벳은 15~17세기에 유럽의 강대국들이 세계 곳곳에 식민지를 세우면서 더 널리 전파되었어. 이렇게 해서 지금도 전 세계 거의 모든 지역에서 사용되고 있어.

영어와 알파벳

우리는 알파벳 하면 보통 영어를 떠올려. 심지어 알파벳은 곧 영어라고 생각하기도 하지. 하지만 알파벳은 영어라는 언어를 나타내는 문자야.

그렇다면 우리가 알고 있는 현재의 26자 영어 알파벳은 언제, 누가 만들었을까? 영어 알파벳의 기원 또한 정확히 알 수 없어. 다만 유럽의 북서부에 있는 영국에서 시작되었다고 알려져 있을 뿐이야. 당시 영국과 스코틀랜드에서는 켈트어를 썼어.

그런데 449년 독일의 게르만족이 영국으로 이주해 왔지. 여기에는 앵글로색슨족도 섞여 있었어. 이들이 쓰는 말을 유럽 사람들이 '잉글리스크(Englisc)'라고 불렀는데, 이것이 오늘날 영어를 뜻하는 잉글리시(English)로 바뀌었어.

당시 앵글로색슨족은 룬 문자를 썼어. 룬 문자는 표음 문자로 1세기 무렵 북유럽에서 사용했어. 룬은 '비밀'이라는 뜻으로 의식이나 주술용 문자로 사용되었으리라 추정되고 있지.

앵글로색슨족에 의해 룬 문자가 사용되던 영국에 로마가 쳐들어오면서 라틴 알파벳이 들어왔어. 영국에서는 한동안 룬 문자와 로마의 라틴 알파벳이 섞인 문자가 사용되었지.

그러던 중 700년 무렵에 바이킹이 세계를 정복하며 활개를 치고 다

```
ᚠ A    ᚹ F    ᚲ K    ᛕ P    ᚢ U    ᛦ Z    ᛝ NG
ᛒ B    ᚷ G    ᛁ L    ᛈ Q    ᚨ V    ᛏ EA   ᛥ ST
ᛇ C    ᚦ H    ᛗ M    ᚱ R    ᚾ W    ᛠ EE   ᚦ TH
ᛘ D    ᛁ I    ᛏ N    ᛋ S    ᛪ X
ᛖ E    ᛃ J    ᛟ O    ᛏ T    ᚣ Y
```

▲ 라틴 알파벳

넜어. 바이킹은 스칸디나비아인들로 지금의 덴마크 사람들이야. 이들은 영국까지 정복했어. 결국 1014년 앵글로색슨 왕국은 멸망했지. 그리고 1066년, 프랑스의 윌리엄이 바다를 건너와 영국을 정복했어. 그들이 사용하는 프랑스어 역시 라틴 알파벳이었지. 이렇게 해서 라틴 알파벳의 힘은 커졌고, 룬 문자는 점점 힘을 잃다가 끝내 사라져 버렸어.

결국 영어는 이처럼 복잡한 역사를 거치면서 여러 언어가 뒤죽박죽 섞이게 되었어. 그리고 그 과정에서 영어 알파벳은 처음엔 A, B, C, D, E, F, G, H, I, L, M, N, O, P, Q, R, S, T, V로 모두 19자였다가 그리스 문자에서 K, X, Y, Z를 받아들이고, 그 후에 J, U, W가 보태져서 오늘날과 같은 26자가 되었지.

뜻을 지닌 문자, 한자

알파벳이 주로 유럽에서 사용되는 문자라면 한자는 아시아에서 사용되는 문자야. 물론 아시아에는 우리가 쓰는 한글도 있지. 하지만 사용하는 인구수로 보면 한자가 단연 으뜸이야. 한자는 전 세계 인구의 5분의 1 정도가 쓰고 있어. 한자는 언제, 어떻게 해서 만들어졌을까?

한자는 세계 4대 문명 중 하나인 고대 황허 문명에서 만들어졌어. 한자의 기원은 3천300년 이전까지 거슬러 올라가지. 학자들은 고대 수메르 사람들이 사용한 쐐기 문자와 이집트인들이 사용한 히에로글리프 문자가 한자보다 더 먼저 만들어졌다고 주장해. 하지만 둘 다 지금은 사용되지 않아. 3천여 년 전의 문자와 거의 똑같은 문자 체계를 유지하면서 지금도 계속 쓰이고 있는 문자는 오직 한자뿐이야.

한자를 언제, 누가, 어떻게 해서 만들었는지는 정확히 알 수 없어. 다만 중국의 고서인 《여씨춘추》와 《한비자》에 '창힐이 문자를 만들었다.'는 기록이 있을 뿐이야. 중국 최초의 한자 사전인 《설문해자》에도 한비자의 말을 인용하여 똑

▲ 창힐

둥글둥글 지구촌 문자 이야기 • 63

같이 쓰여 있지. 하지만 창힐은 실존 인물이 아니라 허구의 인물이야. 말하자면 신화나 전설에 등장하는 인물인 셈이지.

전해 오는 이야기에 따르면 창힐은 눈이 네 개였어. 그래서인지 남들보다 관찰력이 뛰어났지. 어느 날 새벽, 창힐은 마당을 거닐다가 땅바닥에 찍힌 새와 짐승의 발자국을 보았어. 발자국 무늬가 각기 다른 것을 보고는 문자를 창안해 냈지.

창힐에 대해서는 이런 이야기도 있어. 어느 날 사냥을 떠난 창힐은 강가에서 쉬다가 등딱지에 신기한 문양이 새겨진 거북을 발견했어. 창힐은 거북의 등딱지 문양이 각기 다른 것을 보고는 고민한 끝에 문자를 고안해 냈는데, 이것이 한자의 시초라는 거야. 창힐은 상상 속의 인물이지만 중국 사람들은 사당을 짓고 제사를 지내며 그를 신으로 모시고 있어.

한자의 여섯 가지 원리

한자는 다른 고대 문자와 마찬가지로 처음에는 사물의 모습을 본뜬 단순한 상형 문자였어. 예를 들어 나무를 나타내는 목(木)은 나무의 모습을 본떠서 만들었지. 그러다 보니 처음에는 그 수가 많지 않았지만 시간이 지나면서 수도 많아지고 모양도 복잡해졌어. 글자 두 개가 합쳐져 새로운 글자가 되기도 했지. 물론 아무렇게나 만들지는 않았어. '육서'라고 하는 여섯 가지의 원칙에 의해 만들어졌어.

육서에 소개된 한자의 원칙 중 하나는 '상형'이라 하여 사물의 모양을 본뜨는 거야. 즉 사물의 모양을 본떠 글자를 만드는 것이지. 이렇게 만들어진 것이 한자의 가장 기본이 되는 글자인데, 산의 모습을 본뜬 '뫼 산(山)', 흐르는 시냇물 줄기를 세 줄로 표현한 '내 천(川)', 사람이 서 있는 모습을 본뜬 '사람 인(人)' 등이 상형에 해당돼.

또 하나의 원칙은 '지사'라 하여 일정한 형태가 없는 추상적인 것을

선이나 점 등을 이용해서 글자를 만드는 방법이야. 예를 들면 기준선의 위를 나타내는 '위 상(上)', 기준선보다 아래라는 표시의 '아래 하(下)'자 등이 지사에 해당되지.

'회의'라는 원칙도 있어. 상형에 해당하는 글자와 지사에 해당하는 글자를 합쳐서 새로운 글자를 만드는 방법이야. 예를 들면 '사람 인(人)'과 '나무 목(木)'을 합쳐서 나무 그늘에서 쉬는 사람을 연상시키는 '쉴 휴(休)'자를 만들지. 해를 나타내는 '날 일(日)'과 달을 나타내는 '달 월(月)'이 합쳐져서 밝다는 뜻을 나타내는 '밝을 명(明)'자도 회의에 해당돼.

'형성'이라는 원칙도 있는데 회의처럼 이미 만들어진 글자를 합성하

는 방법이야. 단지 회의와 다른 것은 하나의 글자를 이루는 구성 요소 중 한쪽은 뜻을, 다른 한쪽은 소리를 나타낸다는 점이지. 예를 들어 옥구슬을 나타내는 '옥돌 민(珉)'은 '구슬 옥(玉)'자의 '구슬'이라는 뜻과 '백성 민(民)'의 민이라는 소리가 합쳐진 글자야. 현재 사용되고 있는 한자의 80~90%는 형성에 해당돼.

한자를 만들고 응용하는 육서의 원칙에는 '전주'도 있어. 새로운 글자를 만드는 대신 이미 만들어진 글자의 뜻을 다른 뜻으로 바꿔 쓰는 방법이지. 가령 '惡'은 악하다, 올바르지 않다는 뜻의 '악'이야. 그런데 미워한다는 뜻으로 쓰일 때는 '오'라고 읽어. 같은 글자인데도 쓰임에 따라 읽는 소리가 바뀌지.

한자의 원칙 중 마지막은 '가차'라는 것인데 이는 본래의 뜻과는 상관없이 소리가 같은 글자의 꼴을 빌려 쓰는 방법이야. 주로 외래어 같은 고유 명사를 쓸 때 많이 사용해. 부처 또는 부다를 한자로는 '불타(佛陀)'라고 표현하는데 이것이 바로 가차에 해당되지.

사실 한자는 배우기 어려운 문자야. 글자 수도 많고 모양도 복잡하기 때문이지. 하지만 육서의 원칙을 제대로 알면 한자를 좀 더 쉽고, 재미있게 익힐 수 있어.

문방사우

중국에서는 글을 쓰려면 종이 이외에도 붓과 벼루 그리고 먹이 필요해. 붓은 대나무 막대기 끝에 털을 끼워서 만들어. 주로 토끼털이나 염소 털을 사용하는데, 최고의 붓은 담비의 털로 만든 붓이야.

벼루는 대개 돌로 만들지만 기와나 도자기로 만들기도 해. 먹 또한 글씨를 쓸 때 필요한 도구야. 벼루에 물을 조금 붓고 먹을 검게 간 다음, 붓에 적셔 종이에 글씨를 쓰지.

이렇게 글씨를 쓸 때 필요한 종이, 먹, 벼루, 붓을 문방사우(文房四友)라고 해. 서양에서는 시대에 따라 다양한 필기구를 사용했지만 중국에서는 오늘날에도 여전히 붓을 사용하는 사람들이 많아.

◀ 문방사우

다양한 한자의 글자체

3천여 년 전부터 시작된 한자의 수는 점점 늘어나 지금은 4만 개 이상이나 돼. 한자는 시간이 흐르면서 글자 수만 아니라 모양도 조금씩 바뀌었어.

기원전 1300년부터 기원전 1100년까지 쓰인 갑골 문자는 상형의 원리를 기초로 하여 만들어졌어. 따라서 글자를 보면 대충 무엇을 본떠 만들었고 어떤 의미를 지녔는지 알 수 있지. 그런데 갑골 문자는 사물의 모양을 본떠 만든 문자다 보니 그 형태가 하나로 고정되지 않았어. 같은 의미를 지녔어도 여러 모양이었지.

갑골 문자 다음으로 쓰인 것은 금석 문자야. '금문'이라고도 하는데 청동 그릇에 새긴 글자라서 붙여진 이름이지. 금문은 갑골 문자와 형태가 비슷해. 모양만 보아도 의미를 알 수 있는 것이 많아. 그러나 금문은 갑골 문자보다 훨씬 간결하고, 글자체도 일정해서 보다 문자답지.

◀ 금문

한자의 글자체는 춘

추 전국 시대에 매우 다양해졌어. 춘추 전국 시대란 기원전 770년, 주나라 때부터 기원전 221년에 진나라가 중국을 통일하기까지로 여러 나라가 힘겨루기를 하던 시기를 말해. 이 시기에는 나라마다 다른 글자체를 썼는데 이 때문에 같은 글자도 서로 알아보지 못했지.

이런 문제는 진나라의 시황제가 중국을 통일하고 난 뒤에 '전서'라는 글자체를 만들면서 해결되었어. 전서는 중국의 표준 글자체라고 할 수 있는데 한자는 전서로 발전하면서 글자에 더욱 가까운 모습이 되었어. 쓰기 편리하도록 글자의 획수도 많이 줄었지.

전서와 거의 동시에 쓰인 글자체가 있었어. 바로 '예서'라는 글자체야. 예서는 진서를 좀 더 간략하게 만들어 사람들이 편리하게 쓰도록 한 글자체야. 이때

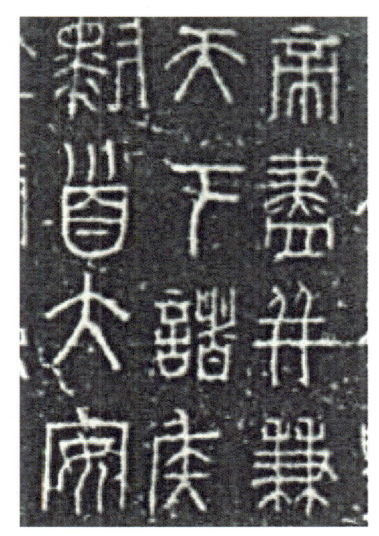

▲ 전서

▲ 예서

▲ 초서

▲ 해서

부터 그림 문자를 완전히 벗어나 제대로 된 글자 모양을 갖추었지.

한나라 때 예서와 함께 쓰인 글자체가 있었어. '초서'라는 글자체야. 예서가 공식적인 글자체라면, 초서는 그보다 편하게 쓰기 위해 예서를 흘려 쓴 글자체야.

예서는 오랫동안 쓰이다가 후한 말기에 와서 '해서'로 바뀌었어. 해서란 '본받을 만한 올바른 글자'라는 뜻이야. 해서는 지나치게 흘려 쓰는 초서를 모범적으로 바꾼 글자체지. 당나라 때 가장 많이 쓰였고, 현재까지 널리 쓰이고 있어.

한자의 글자체는 현대에 들어와서도 계속 바뀌었어. 한자는 글자 구조가 복잡하고 획수도 무척 많아. 어떤 글자는 60획이 넘는 것도 있지. 그대로 쓰기

번거로워서 사람들은 점차 줄여서 썼어. 정부에서는 한자를 줄여서 쓰지 말라고 했지만 소용이 없었지.

결국 중국 정부는 1935년부터 몇 번의 수정을 거쳐 1964년에 '간화자 총표'를 발표했어. 기존 한자의 획수를 크게 줄여 만들었지. 간화자로 중국의 문맹률이 낮아졌다고 해. 하지만 한편에서는 전통 문화의 계승과 의미 전달에 문제가 있다면서 예전의 글자체를 쓰자고 주장하는 사람도 많대.

한자의 글자체는 중국의 역사와 관련이 깊어. 그렇기 때문에 단순하게 설명할 수 없는 부분이 있지. 하지만 글자를 좀 더 쉽고 간단하게 쓸 수 있도록 변화했다는 것만은 분명한 사실이야.

	번자체	간자체		번자체	간자체
동녘 동	東	东	길 장	長	长
말 마	馬	马	값 가	價	价
바람 풍	風	风	팔 매	賣	砍
마디 절	節	节	살 매	買	买
익힐 강	講	讲	볼 견	見	见

▲ 간화자 총표

3장
세계 여러 나라의 문자

문자를 연구하는 학자들에 따르면 고대에서부터 현대까지 인류가 사용한 문자는 대략 90개 정도라고 해. 이 중 지금까지 사용되고 있는 문자는 28개뿐이야. 이 문자들 중에는 형제자매처럼 닮아 보이면서도 약간씩 다른 것들이 있어. 문자가 어느 날 갑자기 한꺼번에 만들어진 것이 아니라 마치 뿌리가 깊은 나무에서 뻗어 나온 가지처럼 같은 문자에서 점차 발전해 왔기 때문이야. 자, 그럼 닮은 듯 다르면서 저마다의 특색을 지닌 세계의 주요 문자에 대해 살펴보자.

람캄행 대왕이 만든 태국 문자

우리나라에 한글을 만든 세종 대왕이 있다면, 태국에는 태국 문자를 만든 람캄행 대왕이 있어. 람캄행 대왕은 수코타이 왕국을 다스린 왕이야. 13세기 초 태국은 두 나라로 갈라져 있었어. 북쪽에는 앙코르, 남쪽에는 수코타이가 있었지. 그러다가 1238년 수코타이가 앙코르를 물리치고 수코타이 왕국을 세워 태국을 통일했어.

당시 수코타이 왕국에서는 미얀마, 태국, 말레이반도에 사는 소수 민족인 몬족의 문자를 사용했어. 몬족의 문자는 태국어를 표기하기에 불편한 점이 무척 많았어. 그래서 수코타이 왕국의 세 번째 왕인 람캄행 대왕이 1283년에 고대 인도에서 사용하던 문자인 컴 문자를 바탕으로 태국의 문자를 만들었지.

'수코타이 문자'라고도 불리는 이 문자는 람캄행 대왕의 비문에도 적

혀 있어. '예전에는 태국 문자가 없어서 1283년에 람캄행 대왕이 이를 고민하다가 이 태국 문자를 만들었다.'라고 기록되어 있지. 태국 사람들은 이 비문을 람캄행 대왕이 태국 문자를 만든 증거로 삼고 있어.

문자를 만들었다는 점에서 람캄행 대왕은 우리나라의 세종 대왕과 비슷한 인물이야. 백성을 사랑하고 나라를 발전시켰다는 점도 닮았지. 세종 대왕 시대처럼 람캄행 대왕 시대는 태국 문화가 꽃피던 시기였어. 태국 문자의 우수성을 바탕으로 문학 작품은 물론 법률과 역사 등의 기록이 활발하게 이루어졌지. 더불어 태국 국민들의 민족의식도 높아졌어. 그 때문에 지금도 태국 사람들은 람캄행 대왕을 무척 존경하고 있지.

람캄행 대왕이 백성들을 위해 문자를 만들기는 했지만 실제로 백성들이 쓰기에는 어려운 점이 있었어. 무엇보다 태국어를 표기하기에 충분치 않았지. 이 때문에 태국 문자는 수세기 동안 변화를 겪었어. 그러다 초대 국왕인 라마 1세 때 크게 개정되었지. 현재 사용되고 있는 태국 문자는 자음 44개와 모음 32개로 이루어져 있어.

태국 문자는 자음과 모음을 결합하여 쓰는 표음 문자야. 그러니까 우리의 한글과 로마자처럼 말소리를 그대로 기호로 나타낸 문자지. 태국어는 각 음절마다 성조가 있어. 성조란 음의 높낮이나 소리의 길고 짧음에 따라 뜻이 달라지는 걸 말하는데, 이 때문에 태국어를 쓸 때는 정확한 성조로 발음해야 해.

태국에서는 여성과 남성이 쓰는 말이 조금 달라. 여성은 말끝이 '카'로 끝나고 남성은 '크랍'으로 끝나지. '안녕하세요'라는 인사말도 여성은 '싸왓디 카', 남성은 '싸왓디 크랍'이라고 해. 또 황실 사람들과 이야기할 때는 어려운 경어를 써야 하고, 승려와 대화할 때도 특별한 단어를 써야 해. 예를 들어 일반 사람들은 눈을 '따'라고 하는데 황실 사람들은 '프라넷'이라고 불러. 보통 친구 사이에 쓰는 '먹다'라는 말은 '낀'이지만, 승려들은 '찬'이라 표현하고 황실 사람들은 '싸워이'라고 해.

태국에서는 세계 공통인 아라비아 숫자도 사용하지만 태국 고유의 숫자를 더 많이 사용해. 특히 외국인들이 많이 찾는 관광지에서도 태국 숫자를 쓰는 경우가 많아. 만약 태국에 간다면 미리 익혀 두는 게 좋아.

태국 숫자와 인사말

0 – ๐/1 – ๑/2 – ๒/3 – ๓/4 – ๔/5 – ๕/6 – ๖/7 – ๗/8 – ๘/9 – ๙/10 – ๑๐

안녕하세요 – 남성: 싸왓디 크랍(สวัสดีครับ) / 여성: 싸왓디 카(สวัสดีค่ะ)
고맙습니다 – 남성: 컵 – 르나 쿤 크랍(ขอบพระคุณครับ)
　　　　　여성: 컵 – 르나 쿤 카(ขอบคุณค่ะ)

외국인이 만든 베트남 문자

우리가 흔히 알파벳이라고 부르는 라틴 알파벳은 미국을 비롯한 서양에서 많이 쓰고 있어. 그런데 아시아 국가 중 몇몇 나라에서도 라틴 알파벳을 사용해. 베트남도 그중 하나야. 왜 베트남에서는 지리적으로 멀리 떨어진 서양의 문자인 라틴 알파벳을 쓰고 있을까? 그 이유는 베트남의 슬픈 역사에서 찾을 수 있어.

베트남은 기원전 111년부터 기원후 938년까지 중국의 식민 지배를 받았어. 그래서 오랫동안 한자를 사용했지. 그러다 중국으로부터 독립하고 나서는 '쯔놈'이라는 문자를 사용하기 시작했어. 베트남 고유의 언어를 표기하려고 한자를 이용하여 만든 문자야.

예를 들어 베트남어로 돌을 뜻하는 '다(da)'는 한자의 '돌 석(石)'자와 '많을 다(多)'를 합쳐서 표현했지. 말하자면 한자의 음절과 뜻을 빌려서 베트남어로 사용한 거야. 베트남 사람들은 쯔놈 덕분에 글을 읽거나 쓸 수 있었어. 하지만 모든 사람들이 쯔놈을 사용하지는 않았어. 국가에서 정식 문자로 인정하지도 않았지. 그렇더라도 쯔놈은 오랫동안 베트남 문자로서의 역할을 했어.

한편, 1498년 포르투갈의 항해가인 바스코 다가마가 인도 항로를 발견하면서 유럽의 상인들과 가톨릭 선교사들이 아시아로 몰려오기 시

작했어. 그들은 베트남에도 왔는데, 가톨릭 선교사들 중에는 포르투갈 출신들이 많았지.

포르투갈 선교사들은 베트남 사람들에게 천주교를 전파하기 위해 베트남 문자를 익히려고 애썼어. 하지만 쯔놈을 익히는 게 생각만큼 쉽지 않았지. 결국 그들은 오랜 연구 끝에 라틴 알파벳과 포르투갈 문자를 이용하여 베트남어를 기록하기 시작했어. 라틴 알파벳으로 통일된 문자가 있으면 종교를 전파하기가 훨씬 쉬우리라고 생각했기 때문이지.

19세기에는 유럽의 힘센 나라들이 아시아로 진출했어. 이때 베트남도 식민 지배를 하려는 유럽 나라들의 표적이 되었지. 베트남은 이에 반발하여 베트남을 찾은 선교사들을 마구 죽였어. 그러자 프랑스와 스페인이 힘을 합쳐 베트남을 공격했고, 결국은 프랑스의 식민지가 되고 말았어.

프랑스는 베트남 사람들의 전통문화를 단절시키기 위해 한자와 쯔놈을 사용하지 못하게 했어. 1838년 프랑스인 따베흐 주교가 500여 개의 단어가 정리된 《베트남어-라틴어, 라틴어-베트남어》 사전을 출판하면서 라틴 알파벳을 바탕으로 한 지금의 문자만 쓰게 했지.

베트남 문자는 이름이나 순서까지 라틴 알파벳과 거의 똑같아. 현재 사용되고 있는 베트남 문자는 모음 12자, 자음 17자로 모두 29자로 되어 있어. 음절 하나마다 의미가 있는 단음절로 되어 있지. 예를 들어

'매'라는 단음절은 '어머니'라는 뜻이야. 기본형도 바뀌지 않아서 가령 '먹다'라는 말이 '먹었다' 또는 '먹었습니다'로 변하지 않아. 또 6개의 성조가 있어서 음의 높낮이와 굴절에 따라 말이 달라지지.

베트남은 다민족 국가야. 전체 인구의 약 88%를 차지하는 낀족 외에 52개의 소수 민족이 있어. 각각의 민족에게는 고유의 독자적인 문화와 언어가 있지. 하지만 나라가 발전하려면 언어와 함께 문자가 통일되어야 하기 때문에 일찍이 베트남 정부는 각각의 민족에게 베트남 문자를 가르쳤어. 그 결과 오늘날에는 베트남의 소수 민족들도 대부분 베트남 문자를 사용하고 있어.

베트남 문자의 변화를 보면 한 민족의 문화와 역사가 문자에 얼마나 큰 영향을 주는지, 또 문자가 한 나라의 문화와 역사를 보존하는 데 얼마나 큰 역할을 하는지 알 수 있어.

베트남 인사말

안녕하세요 – 씬 짜오(Xin chào)

고맙습니다 – 씬 다 따(Xin đa tạ)

사람 이름을 딴 러시아의 키릴 문자

라틴 알파벳과 비슷한 듯하면서도 다른 문자는 어느 나라 문자일까? 바로 러시아의 키릴 문자야. 러시아를 비롯하여 동유럽 국가들이 사용하고 있지. 키릴 문자는 다른 문자에 비해 조금 늦게 생겼어. 지금부터 약 1천 년 전에 생겼지.

키릴 문자 하면 키릴과 메포디우스 형제의 이야기를 빼놓을 수 없어. 키릴 문자는 바로 이 형제 이름에서 따왔거든. 키릴과 메포디우스는 로마 사람이었어. 9세기 중엽에 그리스도교를 전파하러 지금의 체코 남부에 위치한 모라비아로 건너왔지.

모라비아 사람들에게 그리스도교를 전파하기란 쉬운 일이 아니었어. 문자가 없었기 때문이지. 결국 키릴 형제는 그리스 문자를 바탕으로 '글라골 문자'를 만들었어. 하지만 글라골 문자는 너무 어려워서 널리 쓰이지 못했지.

글라골 문자가 만들어지고 얼마 뒤 클리멘트 오흐리드라는 사람이 보다 쉽고 사용하기 편한 키릴 문자를 만들었어. 클리멘트는 자신이 만든 문자에 스승인 키릴 형제의 이름을 붙였어. 이렇게 키릴 문자가 탄생했지.

키릴 문자는 처음엔 불가리아와 마케도니아를 중심으로 사용되었어.

그러다 10세기 말에 그리스도교와 함께 러시아에 들어왔어. 그때부터 키릴 문자는 사람들의 생활 속에 깊숙이 침투하면서 자연스럽게 러시아 문자로 정착되었지.

1708년 표트르 1세가 러시아의 근대화를 시작하면서 키릴 문자도 크게 바뀌었어. 한 글자가 한 가지 소리를 내도록 정리하고 새로운 글자체도 만들었어. 그 결과 오늘날의 키릴 문자처럼 모음 10개, 자음 21개, 기호 2개를 합하여 모두 33개의 문자가 되었지. 이 중에 그리스 문자와 공통으로 사용하는 문자는 19개나 돼. 그래서 키릴 문자는 얼핏 라틴 알파벳과 비슷해 보여.

러시아의 키릴 문자를 사용하는 인구는 전 세계적으로 대략 2억 명이나 돼. 몽골, 카자흐스탄, 키르기스탄, 타지크스탄, 우크라이나, 세르비아, 마케도니아, 불가리아에서 쓰이지.

러시아 인사말

안녕하세요 – 즈드랏스부이쩨(Здравствуйте)

고맙습니다 – 블라가다류 바쓰(Благодарю вас)

배우기 쉬운 인도네시아 문자

베트남은 아시아 국가인데 라틴 알파벳을 쓴다고 했지? 아시아의 동남부에 위치한 인도네시아에서도 라틴 알파벳을 사용해. 글자 수도 라틴 알파벳과 똑같이 26개야.

각 글자의 발음도 영어와 비슷하지. 예를 들어 영어의 'A(에이)'를 인도네시아에서는 'A(아)', 'B(비)'는 'B(베)', 'C(씨)'는 'C(쩨)'라고 읽지. 이렇듯 인도네시아 문자는 읽는 법도 단순한 데다 철자법도 간단해. 그래서 세상에서 가장 배우기 쉬운 문자라고 하지.

그런데 왜 인도네시아에서는 라틴 알파벳을 사용할까? 그 이유를 알려면 인도네시아의 역사를 살펴볼 필요가 있어. 안타깝지만 아시아의 많은 나라들은 15세기 후반부터 서양의 식민 지배를 받기 시작했어. 그 과정에서 서양의 문자와 말을 받아들였지.

인도네시아는 1602년부터 1949년까지 거의 350년 동안 네덜란드의 식민 지배를 받았어. 이때 라틴 알파벳을 받아들였지.

그런데 인도네시아 사람들은 문자는 라틴 알파벳을 사용하지만 말은 네덜란드어도 영어도 아닌 인도네시아어를 쓰고 있어. 그러니까 국어인 인도네시아어를 라틴 알파벳으로 표기할 뿐이야.

그렇다면 라틴 알파벳으로 인도네시아어를 표기하기 전까지 인도네시아에는 문자가 없었을까? 있었어. 인도네시아에 가 보면 라틴 알파벳으로 표기된 안내판이나 지명 아래에 꼬불꼬불한 문자가 있는데 이것을 '자위 문자' 또는 '아랍말레이 문자'라고 해. 라틴 알파벳을 쓰기 전에는 자위 문자를 썼어.

　자위 문자는 14세기 초반에 페르시아인들이 인도네시아에 이슬람교와 함께 전해 준 아랍 문자를 변형하고, 여기에 새로운 문자를 더해 만들었어. 당시 인도네시아를 비롯한 동남아시아 사람들은 이슬람교를 받아들이면서 자위 문자를 사용했어.

　자위 문자는 제2차 세계 대전이 끝나고 인도네시아와 말레이시아 같은 나라가 식민 지배에서 벗어나 독립 국가가 되면서 점차 사라졌어. 자위 문자는 쓰기 편한 라틴 알파벳에 밀려 공식 문자로 채택되지 못하고 역사의 뒤안길로 자취를 감추고 말았던 거야.

인도네시아 인사말

안녕하세요 - 아빠 까바르(Apa kabar)

고맙습니다 - 뜨리마 까시(Terima kasih)

중남미로 퍼져 나간 스페인 문자

스페인어는 영어 다음으로 많이 쓰이는 언어야. 중국어에 이어 세계에서 두 번째로 많은 사람들이 쓰는 말이기도 해. 브라질을 제외한 중남미의 모든 국가와 스페인을 포함한 세계 25개 나라, 약 5억 명이 스페인어를 사용하고 있어.

스페인어는 중세 유럽의 이베리아반도 중부에 위치했던 카스티야 왕국의 언어였어. 그래서 스페인어를 '카스테야노'라고도 해. 스페인에서는 카스테야노 외에도 3개의 언어를 쓰고 있지만 카스테야노가 표준어야.

이렇게 많은 언어가 쓰이게 된 이유도 역시 스페인의 역사에서 찾을 수 있어. 8세기에 이슬람교도들이 스페인을 침입했고, 15세기까지 700여 년 동안 이슬람교도와 전쟁을 했어. 이때 스페인어는 아랍어의 영향을 받았어. 지금도 약간의 어휘가 남아 있지. 이렇듯 여러 민족의 언어가 섞이다 보니 이베리아반도에서는 여러 가지 언어가 쓰였어.

1492년, 이베리아반도에 있던 이슬람교도의 왕국이 망하면서 완전한 스페인의 시대가 시작되었어. 이후 스페인은 해외에 많은 탐험대를 보내 영토를 개척하며 금과 자원을 얻어 왔어. 개척한 영토는 스페인의 식민지가 되었고, 특히 콜럼버스가 아메리카 신대륙을 발견하면서 123가지나 되는 원주민의 언어 대신 스페인어를 사용하게 되었지.

현재 중남미 20여 개의 나라를 비롯해 미국의 남서부 지역과 북동부에서도 스페인어를 영어와 함께 공용어로 사용하고 있어. 이렇듯 스페인어를 쓰는 나라가 많아지면서 스페인어는 영어, 아랍어, 중국어, 프랑스어, 러시아어와 함께 국제연합(UN)이 정한 6대 공용어 중 하나가 되었단다.

스페인 인사말

안녕하세요 - 올라(Hola)

고맙습니다 - 셀 로 아그라데쓰꼬(Se lo agradezco)

신이 내린 아랍 문자

아랍은 자주 들어 보았지만 정확히 어딘지는 잘 모를 거야. 아랍은 아프리카와 아시아를 잇는 아라비아반도를 말해. 그러니까 페르시아만·인도양·홍해로 둘러싸인 곳이지. 이 지역에 모여 있는 여러 나라를 흔히 '아랍 국가' 혹은 '아라비아 국가'라고 해. 이집트, 시리아, 사우디아라비아, 아랍 에미리트, 쿠웨이트 등이 여기에 속하지.

이들 아랍 국가에서는 아랍 글자를 사용해. 아랍 문자는 라틴 알파

벳과 함께 기원전 1000년 무렵에 사용되던 페니키아 문자에서 비롯되었어. 그러니까 아랍 문자와 라틴 알파벳은 조상이 같다고 할 수 있지. 두 문자는 비록 모양은 다르지만 알파벳 이름이나 순서는 아주 비슷해.

페니키아 문자가 어떻게 아랍 문자로 발전하게 되었는지에 대해서는 아직 밝혀지지 않았어. 원래 아랍인들은 한곳에 모여 살지 않고 사막을 돌아다니며 생활하던 유목민이야. 여기저기 떠돌아다니며 살다 보니 한곳에 정착할 일도, 기록이나 문자를 남길 일도 별로 없었지. 그래서 자연히 다른 문자들에 비해 늦게 만들어졌어.

아랍 문자는 언뜻 보면 그림처럼 생겼지만 모두 28개 글자로 이루어진 엄연한 문자야. 단지 자음으로 구성되어 있다는 사실이 특이할 뿐이지. 그렇다고 모음이 아예 없는 것은 아니야. 자음의 위나 아래에 점을 표시하여 모음으로 쓰고 있어.

아랍 문자는 생김새가 서로 비슷한데 작은 점이 글자의 위나 아래 혹은 중간에 첨가되어 서로 다른 문자로 구별이 돼. 어떤 글자들은 단어의 첫 글자로 쓰였는지, 마지막 글자로 쓰였는지에 따라 모양이 달라지기도 하지. 그래서 모양을 보고 단어가 끝났는지 그렇지 않은지를 구분할 수 있어.

아랍 문자는 중세 시대에 가장 많이 사용되었어. 이때는 아랍·이슬람 제국이 발전하면서 이슬람교가 확장되었던 시기지. 당시 아랍 문자는 이슬람교와 함께 아랍 국가를 넘어 아시아와 유럽에까지 퍼졌어. 16세기까지만 해도 스페인에서는 일부 문서가 아랍 문자로 쓰이기도 했어.

지금도 마찬가지지만 당시 이슬람교를 믿는 아랍인들은 아랍 문자를 알라신이 내려 준 성스러운 문자로 여겼어. 아랍 문자가 알라신의 말을 인간에게 전달하는 매개체라고 생각했지. 이슬람교 경전인 코란이 아랍 문자로 쓰인 것만 보아도 아랍인들이 아랍 문자를 얼마나 신성하게 여기는지 알 수 있어. 지금도 전 세계적으로 코란을 읽는 지역에서는

대부분 아랍 문자를 사용해.

　이슬람교에서는 신이나 성자의 모습을 그림으로 그리는 것이 금지되어 있어. 그렇기 때문에 글자를 아름답게 써서 장식하는데 여기에 아랍 문자가 제격이야. 특히 건축물 등에 아랍 문자를 쓰면 이슬람의 전통적인 분위기를 나타낼 수 있지.

　아랍 문자는 아랍·이슬람 제국의 힘이 약해지면서 중세 시대보다 사용 지역이 줄어들었어. 20세기에 접어들면서 아프리카, 동남아시아 등지에서 라틴 알파벳을 쓰는 경우가 많아졌지. 그래도 아랍 문자는 라틴 알파벳 다음으로 세계에서 가장 많이 쓰이는 문자야. 현재 아랍 문자는 북아프리카와 중동 지역의 약 22개국에서 3억여 명이 사용하고 있어.

아랍 인사말

안녕하세요 - 마르하반(أهلاً.)

그맙습니다 - 슈크란(شكراً)

오랜 역사가 있는 인도의 힌디어 문자

인도는 중국에 이어 인구가 세계에서 두 번째로 많은 나라야. 자그마치 12억 명이나 되지. 영토도 세계에서 일곱 번째로 커. 그런 만큼 여러 민족이 모여 살고 있고, 사용하는 언어 수도 많아. 현재 인도에서는 3,372개 언어가 사용될 뿐만 아니라 여전히 새로운 언어가 생겨나고 있지.

인도에서 헌법으로 정한 언어만 해도 22개나 돼. 한 가지 언어와 문자를 사용하는 우리나라에서는 상상도 할 수 없는 일이지. 22개의 언어 중 제1공용어는 바로 힌디어야. 힌디라는 말은 고대 인더스강의 이름인 씬드강을 가리키는 산스크리트어 '씬두'에서 나왔어.

인도는 다양한 언어와 문화가 있는 만큼 종교도 다양한데, 인구의 80%가 힌두교 신자야. 힌두교를 믿는 사람들은 대부분 힌디어를 사용해. 이들은 예전에 힌두교에서 사용한 산스크리트어를 소중하게 여기고 있어.

산스크리트어는 여러 가지 인도어 중에서 가장 오래된 말이야. 힌디어와 가장 밀접한 말이기도 하지. 산스크리트어는 불교와 함께 '범어'라는 이름으로 우리나라를 비롯하여 아시아의 여러 나라에 소개되었어. 우리나라에도 오늘날까지 남아 있는데 여자 스님을 가리키는 '비구니'

와 '수리 수리 마수리' 같은 주문은 대표적인 산스크리트어야.

인도에서는 언어가 다양한 만큼 문자도 다양해. 하지만 대다수 인도인들은 힌두어를 적을 때 쓰는 데바나가리 문자를 사용하고 있지. 데바나가리 문자는 9세기 혹은 10세기 무렵부터 사용되었다고 해. 표음문자로 모음 11개와 자음 35개로 구성되어 있지. 우리 한글과 마찬가지로 자음과 모음이 합쳐져 하나의 음절을 완성해.

데바나가리 문자는 완성도가 꽤 높은 문자였기 때문에 일찍부터 산스크리트어를 기록하는 주요 문자로 자리 잡았어. 게다가 오늘날에는 힌두어를 적는 문자로 쓰이고 있지.

인도의 최초 문자는 브라흐미 문자야. 기원전 3세기 아소카 왕의 글을 적은 돌에서 발견되었어. 브라흐미 문자는 셈 문자에서 비롯되었고, 기원전 5세기부터 기원후 4세기까지 사용되었으리라 추정하고 있어. 인도의 문자들은 대부분 브라흐미 문자에서 갈라져 나왔는데, 데바나가리 문자도 그중 하나야.

브라흐미 문자는 인도의 힌두어 문자인 데바나가리 문자뿐만 아니라 아시아 여러 나라의 문자에도 영향을 주었어. 특히 동남아시아와 티베트 등 인도 문화와 함께 불교가 전래된 지역의 문자에 지대한 영향을 끼쳤지. 대표적으로 방글라데시, 스리랑카, 미얀마, 태국, 캄보디아, 라오스 등의 문자를 들 수 있어. 이들 문자는 다 같이 브라흐미 문자의 영향을 받은 만큼 모양이 비슷하게 생겼어.

인도는 거의 90년 동안 영국의 식민지였어. 그 기간에 영국인들은 인도 사람들에게 영어를 가르쳤어. 영어로 말하고 영어로 생각하는, 그러니까 영국 사람 같은 인도 사람을 만들려고 했던 거야. 그 때문에 지금도 인도에는 영어를 사용하는 사람들이 많아. 하지만 인도 사람들은 문화와 전통에 대한 자부심이 커서 영어만 쓰지 않아. 인도 고유의 달인 힌디어도 함께 쓰고 있지.

인도 인사말

안녕하세요 – 나마스떼(नमस्ते)

고맙습니다 – 단야와드(धन्यवाद)

사라져 가는 몽골의 문자, 몽골 비칙

몽골은 지리적으로 중국과 러시아 사이에 있는 나라지만 역사적으로 보면 러시아보다 중국에 더 가까워. 그래서 몽골에서는 한자를 사용하거나 한자의 영향을 받은 문자를 사용하리라고 생각하기 쉽지. 하지만 몽골에서는 러시아의 키릴 문자를 사용해. 어째서 키릴 문자를 사용하게 되었을까?

먼 옛날 몽골 대륙에는 여러 부족이 흩어져 살고 있었어. 그러다 13세기에 칭기즈 칸이 이들 부족을 통일하여 몽골 제국을 세웠지. 몽골 제국은 가장 융성했을 때 중국을 비롯하여 아시아와 동유럽 대륙까지 아우를 정도였어. 세계 역사상 가장 넓은 영토를 지배한 제국이지.

몽골 제국은 중국에 세운 원나라가 멸망하면서 점점 힘을 잃기 시작했어. 1758년 몽골 지역마저 청에게 정복되면서 완전히 멸망하여 오히려 중국의 지배를 받게 되었지. 이때 귀족을 중심으로 독립 운동을 했는데, 그 결과 러시아와 가까운 외몽골이 1924년에 옛 소련의 도움으로 몽골인민공화국을 세웠어. 중국과 가까운 내몽골은 중국의 지배를 받다가 1947년 자치구로 정해졌지.

몽골인민공화국은 옛 소련과 돈독한 관계를 이어나가는 한편, 문맹률을 낮추기 위해 러시아 키릴 문자를 도입하고 키릴 문자를 의무적으

로 가르쳤지. 국가에서도 1941년부터 공문서에 키릴 문자를 사용하기 시작했어. 그리하여 불과 10년 뒤에 몽골 인구의 90% 이상이 글을 읽고 쓸 수 있게 되었지. 현재 몽골의 공식 문자는 키릴 문자 33자에 두 글자를 추가한 '차강털거이'라는 문자야.

키릴 문자가 도입되기 전에는 몽골에서 어떤 문자를 사용했을까? '몽골 비칙'이라는 문자를 사용했어. 몽골 비칙은 칭기즈 칸의 비석에서 볼 수 있어. 일찍이 칭기즈 칸은 몽골 초원을 통일하고 유럽까지 세력을 떨치면서 넓은 영토를 다스리려면 문자가 필요하다는 것을 깨달았어. 그래서 셈 문자에서 비롯된 위구르 문자를 이용하여 몽골 비칙을 만들었지. 몽골 비칙은 1946년에 공식적으로 폐기되었어. 하지만 중국 내몽골 자치구에서는 지금도 몽골 비칙을 사용하고 있지.

몽골 인사말

안녕하세요 - 새-응 배-노(Сайн байна уу)

고맙습니다 - 타라르흘라(Талархлаа)

한편, 옛 소련의 도움으로 세워진 몽골인민공화국은 1992년에 '몽골국'으로 이름을 바꾸었어. 당시에 민주화가 진행되면서 몽골 비칙을 부활시키려는 운동이 일었지. 하지만 이메일을 보내거나 문자를 주고받기가 불편하여 흐지부지되고 말았어. 결국 몽골 고유의 독자적인 문자랄 수 있는 몽골 비칙은 역사 속으로 사라졌지.

아프리카 고유의 문자, 에티오피아 문자

아프리카 대륙에는 많은 나라가 있어. 각 나라는 여러 부족으로 이루어져 있는데, 부족마다 다른 언어를 가지고 있지. 아프리카 대륙에는 약 2천 개의 언어가 있다고 해. 하지만 이것은 어디까지나 추측일 뿐 정확하게 밝혀지지는 않았지. 언어에 딸린 문자가 없기 때문이야.

먼 옛날에는 아프리카에도 몇몇 문자가 있었다고 해. 하지만 현재까지 전해지는 문자는 에티오피아 문자가 거의 유일하다고 볼 수 있어.

에티오피아 하면 무엇이 떠오를까? 가뭄이 계속되는 나라, 도움이 필요한 가난한 나라 정도일 거야. 하지만 에티오피아는 다른 아프리카 나라에 비해 오랜 역사를 지니고 있어. 특히 솔로몬 왕과의 지혜 대결로 유명한 시바 여왕의 나라로 유명하지.

시바와 솔로몬 사이에 태어난 메넬리크 1세는 기원전 10세기에 에티오피아에 악숨 왕국을 세웠어. 악숨 왕국은 2천여 년 동안 이어져 내려왔지. 지금의 에티오피아는 악숨 왕국의 후손들이 사는 나라야.

현재 에티오피아 공용어는 영어와 암하라어야. 암하라어는 고대 에티오피아 말인 게이즈어에서 비롯되었어. 지금도 게이즈어는 종교적인 예배를 볼 때 사용하고 있지.

암하라어는 아프리카에서 아랍어를 제외하고 유일하게 문자를 가지고 있는 언어야. 암하라 문자는 게이즈어를 표기하는 데 사용한 문자, 즉 게이즈 문자를 약간 수정한 모양이지.

게이즈 문자는 셈 문자에서 비롯되었어. 특히 남부 아라비아의 영향을 받았는데 그 지역에서 사용하던 알파벳 문자가 에티오피아로 넘어와 게이즈 문자로 발전했지.

에티오피아 인사말

안녕하세요 – 설람타(ሰላምታ)

고맙습니다 – 아머서그날러후(አመሰግናለሁ)

고유의 독자적인 문자를 가져서인지 에티오피아는 자기 문화에 대한 자부심이 대단한 나라야. 오랫동안 에티오피아 정교라는 종교를 그대로 믿고 있는 데다 숫자도 아라비아 숫자나 로마 숫자가 아닌 자신들만의 것을 사용해 왔어. 1은 α, 2는 β, 3은 γ식으로 말이야. 지금은 아라비아 숫자를 함께 사용하고 있지.

신기하고 아름다운 조지아 문자

조지아는 러시아와 터키 사이에 있는 자그마한 나라야. 1991년 옛 소련으로부터 독립하기 전까지만 해도 '그루지아'로 불린 조지아는 일찍부터 유럽과 아시아의 다리 역할을 해 왔어.

하지만 두 대륙 사이에 끼어 있다 보니 주변 나라들의 침략이 끊이지 않았어. 그래도 꿋꿋하게 버티어 오늘날에는 공화국으로 세계의 무대에 당당히 올라 서 있지.

조지아는 오랫동안 옛 소련의 연방국에 속해 있었음에도 불구하고 러시아의 키릴 문자가 아닌 고유의 독자적인 문자를 간직했어. 조지아는 우리나라처럼 고유의 언어와 문자를 지닌, 세계에서 몇 안 되는 나라야.

조지아에서 사용되는 문자는 기원전 284년에 조지아의 파르나바즈 왕이 만들었다고 해. 하지만 성 메스로프 마슈토트라는 사람이 만들었다고 주장하는 학자도 있어. 조지아 문자가 만들어진 배경에 대해서는 확실하게 알려진 바가 없지.

조지아 문자는 모양이 아주 특이해. 마치 영어 소문자를 올망졸망하게 붙여 놓은 모습이야. 조지아 문자는 모음 5개, 자음 28개로 이루어져 있어. 글자 배열은 그리스 문자 순서와 같은데, 이 대문에 대다수 학자들은 조지아 문자가 그리스 문자의 영향을 받았다고 주장해. 하지만 글자체는 크게 달라서 독자적으로 만들어진 문자라고 주장하는 학자도 있지.

조지아 문자에는 세 가지 글자체가 있어. 아솜타브룰리체, 누스후리체, 음케드룰리체야. 아솜타브툴리체는 큼직한 모양으로 '대문자' 또는 '둥근 문자'로 불렸는데 조지아에 문자의 기록이 나타난 430년부터 9세기까지 집중적으로 사용되었어.

누스후리체는 아솜타브룰리체보다 작은 데다 각진 모양으로 종교 문헌이나 장식을 하는 데 주로 사용했어. 이 글자체는 11세기까지 집중적으로 사용되었지만 지금도 교회 등 종교 기관에서 아솜타브룰리체와 함께 쓰이고 있지.

현재 조지아에서 주로 사용하는 글자체는 13세기부터 쓰기 시작한 음케드룰리체야. 대다수 조지아 사람들은 자기 나라 문자를 '음케드룰리'라고 부르지.

음케드룰리체는 대문자와 소문자의 구별이 없어. 글자가 곡선 형태가 아름답게 보이지. 음케드룰리체는 앞의 두 글자체와 다르게 종교 이외의 용도로 많이 쓰여서 '세속 문자'로 불리기도 하지.

조지아 인사말

안녕하세요 - 까마르조바(გავიმარჯოს)

고맙습니다 - 마들로바(მადლიერი)

캐나다 이누이트의 이누크티투트 문자

이누이트는 원래 에스키모를 가리키는 말이야. 에스키모가 '날고기를 먹는 사람들'이라는 뜻이라서 얼마 전부터 그들 스스로 '사람'을 뜻하는 이누이트라고 부르기 시작했어.

이들은 미국의 알래스카주, 그린란드, 캐나다 북부와 시베리아 등지에서 생활하고 있어. 이누이트는 옛날에는 사냥을 하기 위해 이곳저곳

옮겨 살았어. 하지만 지금은 한곳에 정착하여 자신들의 문화와 언어를 지키며 살고 있지.

특히 캐나다 북쪽의 누나부트주에서 사는 이누이트는 고유의 언어와 함께 독자적인 문자를 가지고 있어. 바로 이누크티투트어와 이누크티투트 문자이지. 캐나다는 모든 공공기관에서 영어와 프랑스어를 같이 사용하지만 누나부트주에서는 이누크티투트어가 우선이고 그다음이 영어야.

이누크티투트 문자는 역사가 오래되지 않았어. 19세기 중반에 기독교 선교사들이 누나부트주에 들어오면서 생겨났지. 선교사들은 처음에는 이누크티투트어를 라틴 알파벳으로 표기했어. 하지만 라틴 알파벳만으로 이누크티투트어의 다양한 음절을 표기할 수 없어서 이누크티투트어의 음절 단위에 맞는 새로운 문자를 만들었다고 해.

이누크티투트 인사말

안녕하세요 - 카뉴이피트(ᖃᓅᐃᐱᑦ)

고맙습니다 - 쿠얀나미이크(ᖁᔭᓐᓇᒦᒃ)

한자에서 비롯된 일본 문자

일본 문자는 한자의 영향을 받아서 만들어졌어. 여기에는 우리나라가 결정적인 역할을 했지.

일본 역사책인 《일본서기》에는 3세기 말에서 4세기 무렵, 백제의 왕인과 아직기 박사가 논어와 천자문이라는 책을 일본으로 가지고 와서 일본의 왕자들을 가르쳤다는 기록이 있어. 또 백제를 중심으로 우리나라의 승려들이 중국의 불교를 일본에 전했는데, 이때 불교 경전을 통해 한자가 일본으로 전해졌다는 이야기도 있지. 정확한 시기는 알 수 없지만 한자가 우리나라를 통해 일본으로 전해진 것은 분명한 사실이야.

현재 일본에서는 '상용 한자'라고 하여 일상생활에서 사용하는 한자가 정해져 있는데 모두 2,136자야. 그래서 일본 어린이들은 한자를 필수로 배워. 보통 고등학교에 진학하기 전까지 약 1천 개의 한자를 배우지.

일본에서는 한자를 소리로 읽기도 하고, 뜻으로 읽기도 해. 예를 들어 우리나라에서는 '學(배울 학)'이라는 한자를 '학'이라고만 읽지만 일본에서는 '가쿠(がく)'라고 한자음으로도 읽고, '배우다'라는 뜻의 '마나부(まなぶ)'라고도 읽어. 여기에서 한자음으로 읽는 것을 음독이라 하고, 뜻으로 읽는 것을 훈독이라고 해.

일본어를 소리대로 적는 문자를 '가나'라고 해. 가나에는 크게 히라가

나와 가타카나가 있어. 히라가나와 가타카나 모두 한자의 모양을 따서 만들었어.

히라가나는 9세기 무렵에 만들어졌다고 알려져 있어. 당시에는 49개였지만 현재는 46개 글자가 쓰이지. 옛날에 히라가나는 '온나데'라고 하여 여성용 문자로 취급했어. 하지만 오늘날에는 한자와 함께 두루 사용되고 있지.

가타카나는 원래 한문으로 된 불경을 읽던 스님들이 만든 글자야. 불

일본의 문자 그림 모지에

일본에는 옛날부터 문자를 그림처럼 활용하는 문화가 있었어. 문자를 이용하여 그림을 그리는 것이지. 이런 그림을 '모지에'라고 해. 모지에는 옛날에 아이들을 가르칠 때 교재로 사용하기도 했어. 그러니까 문자를 그림처럼 표현하여 재미있게 가르쳤던 거야.

일본에는 '헤노헤노모헤지'라는 것도 있어. 이것은 7개의 히라가나만을 사용하여 사람의 얼굴을 그리는 거야. 헤노헤노모헤지는 히라가나로 'へのへのもへじ'라고 쓰는데, 'へ'는 눈썹과 입, 'の'는 눈, 'も'는 코, 'じ'는 얼굴 윤곽으로 표현하여 전체적으로 사람 얼굴을 나타내지.

경을 읽으며 한자로 메모하기가 복잡해서 한자의 획을 크게 줄여 썼는데, 그것이 점점 간단해져서 가타카나가 되었지. 히라가나가 우아한 곡선의 느낌을 준다면 가타카나는 딱딱하고 직선적인 느낌이야. 옛날에는 가타카나를 주로 학문적인 글이나 공적인 문서에 사용했어. 요즘에는 컴퓨터, 호텔 같은 외래어를 쓸 때 가타카나를 사용하고 있지.

곤니찌와

일본 인사말

안녕하세요 – 아침 : 오하요고자이마스(おはようございます)

점심 : 곤니찌와 (こんにちは)

저녁 : 곤방와(こんばんは)

고맙습니다 – 아리가토 고자이마스(ありがとうございます)

세계의 문자를 하나로 합친다면?

가끔 외국어 공부를 하거나 다른 나라에 여행 가면 한 번쯤 이런 생각해 봤을 거야. 전 세계 사람들이 모두 한 가지 말로 이야기했으면 좋겠다고 말이야. 그러면 우선 어려운 영어 공부를 하지 않아도 되겠지. 외국 영화도 자막 없이 편하게 볼 수 있고, 전 세계 어디를 가든 편하게 여행할 수 있으며 외국인 친구들도 얼마든지 사귈 수 있을 거야.

사실 예전부터 많은 사람들이 세계의 문자를 하나로 통일하자는 주장을 해 왔어. 그러면 서로 무역이나 교류도 쉬워져 경제적으로도 훨씬 효과가 있으리라 생각했지.

1887년 드디어 최초의 세계 공용어가 등장했어. 폴란드의 안과 의사인 자멘호프가 만든 '에스페란토'였지. 에스페란토는 '희망하는 사람'이라는 뜻으로 자멘호프가 글을 쓸 때 사용하던 이름이기도 해.

당시 폴란드는 러시아의 지배를 받고 있었어. 폴란드인과 유태인, 독일인, 러시아인 등 서로 다른 말을 하는

▲ 자멘호프

둥글둥글 지구촌 문자 이야기 • 115

민족들이 모여 살았지. 의사소통이 잘 되지 않았던 사람들은 서로 부딪히는 일이 많았어. 이런 모습을 보고 자멘호프는 모두가 함께 쓸 수 있는 말을 만들기로 결심했지. 모두 같은 말을 한다면 싸울 일도 줄어들고 세계의 평화를 찾을 수 있으리라고 생각한 거야.

이렇게 해서 만들어진 에스페란토는 자음 23개, 모음 5개로 되어 있는 표음 문자야. 알파벳과 비슷하게 생겼지만, 알파벳과 달리 발음이 하나로 정해져 있어서 훨씬 읽기 쉬워.

예를 들어 꽃이라는 뜻의 'floro'는 '플로로', 좋다는 뜻의 'bona'는 '보나'라고 읽어. 그럼에도 문법이나 어휘가 스페인어와 프랑스어가 속한 로망스어의 영향을 많이 받았기 때문에 유럽 외의 다른 나라 사람들에게는 어렵다는 불평이 있었지.

현재 전 세계의 약 200만 명이 에스페란토를 쓰고 있어. 이들 중 남성은 에스페란티스티노, 여성은 에스페란티스토라고 불러. 우리나라에도 일제 강점기 때 에스페란토가 들어왔어. 그러나 안타깝게도 에스페란토는 완전한 세계 공용어는 되지 못했어. 이처럼 문자를 하나로 통일하는 것은 쉬운 일이 아니야. 문자에는 저마다의 문화와 관습, 역사가 담겨 있기 때문이지.

지금 유엔에서는 가장 많은 사람들이 쓰는 말을 중심으로 6개의 세계 공용어를 정했어. 영어, 중국어, 러시아어, 프랑스어, 스페인어, 아랍어야. 각각의 문자를 쓰며 한 민족의 고유한 문화와 민족성을 지켜 갈 것이냐, 아니면 문자를 하나로 통일해 경제적 효과를 높일 것이냐. 어떤 방법을 택할지는 좀 더 심각하게 고민할 문제야.

4장
독창적이고 과학적인 한글

한글은 우리 고유의 문자야. 1446년에 '훈민정음'이라는 이름으로 세상에 알려졌지. 앞에서 살펴보았듯이 대부분의 문자는 그 기원을 알 수 없을 정도로 오랜 역사를 지니고 있어. 그런 문자들에 비하면 한글은 젊은 문자라고 할 수 있지. 한글은 단순히 젊기만 한 것이 아니라 다른 문자와 크게 구별되는 특징이 많아. 가장 큰 특징을 든다면 독창적이고 과학적이라는 점이야. 자, 그럼 이렇게 훌륭한 우리 한글에 대해서 좀 더 구체적으로 알아볼까?

문자를 창조!

세종 대왕은 왜 한글을 만들었을까?

한글은 글자를 만든 사람과 만들어진 시기를 정확히 알 수 있는 유일한 문자야. 《세종실록》에 실린 세종 25년(1443년) 12월 30일 기록에 '이달에 임금께서 친히 언문 28자를 지었는데…… 이를 훈민정음이라고 일렀다.' 라고 기록되어 있어. 물론 여기에서 임금은 세종 대왕을 가리키지.

한글을 누가 만들었는지를 두고 그동안 두 가지 주장이 맞서 왔어. 하나는 세종 대왕이 직접 만들었다는 주장이고, 다른 하나는 집현전의 학자들과 함께 만들었다는 주장이야. 하지만 훈민정음과 관련된 자료를 보면 모두 세종 대왕이 한글을 만들었다고 되어 있어서, 요즘에는 한글은 세종 대왕이 만든 문자라는 주장이 설득력을 얻고 있지.

세종 대왕은 왜 한글을 만들었을까? 한글이 세상에 나오기 전에 우

리나라 사람들은 중국 문자인 한자의 소리와 뜻을 빌려 우리말을 기록했어. 그런데 한자는 중국의 말에 맞춘 문자라서 우리말을 기록하기에 무척 불편했지. 게다가 한자는 어렸을 때부터 한자 교육을 받고 자란 양반이 아니고서는 배우기가 무척 어려워서 백성들 대부분은 문자를 모른 채 살았지.

사정이 이렇다 보니 법률이나 농사에 관한 정보 등 백성들이 알아야 할 지식을 제대로 전달하지 못했어. 이전에는 이런 문제를 크게 걱정하는 사람은 없었는데, 세종 대왕은 달랐지.

일찍이 세종 대왕은 책을 통해 백성들을 일깨우려고 애썼어. 이를테면 《효행록》과 《삼강행실도》 등을 펴내어 충, 효 사상을 심어 주려고 했지. 또 《농사직설》이라는 책으로 농업 기술을 알려 주려 했고, 《구급방》을 통해 집에서 간단히 치료할 수 있는 방법을 전하려고 했어.

그런데 이 책들은 모두 한자로 되어 있었어. 책을 내 봤자 한자를 모르는 사람들에게는 아무런 소용이 없었지. 세종 대왕은 많은 백성들이 책을 읽고 생활에 필요한 지식과 정보를 얻으려면, 누구나 쉽게 배울 수 있는 글자가 필요하다고 생각했어. 그런 이유에서 배우기도 쉽고 쓰기도 쉬운 글자인 한글을 만들기로 결심했지.

한글을 반대한 사대부

한글은 배우기도 쉽지만 거의 모든 소리를 정확하게 적을 수 있다는 점에서 아주 뛰어난 문자야. 세계적으로 유명한 언어학자들은 너도나도 한글이 세계에서 가장 발달된 음소 문자라고 치켜세우지.

음소 문자란 한 글자가 하나의 낱소리를 가진 문자를 말해. 한글은 대표적인 음소 문자인 라틴 알파벳보다 한층 차원이 높은 문자로 인정받고 있어.

이렇게 훌륭한 한글이 세상에 나오기까지의 과정은 결코 쉽지 않았어. 한글이 모든 사람에게나 환영을 받지는 않았거든. 세종 대왕도 그럴 줄 알았는지 훈민정음을 만들 계획을 몇몇 신하에게만 알리고 비밀에 부쳤어. 무엇보다 사대부들이 반대하리라고 예상했지.

사대부는 조선을 세우는 데 큰 힘을 쓴 사람들로 명나라를 숭배하고 있었어. 명나라가 사용하는 한자가 아닌 다른 문자를 사용하는 것은 옳지 않다고 생각했지.

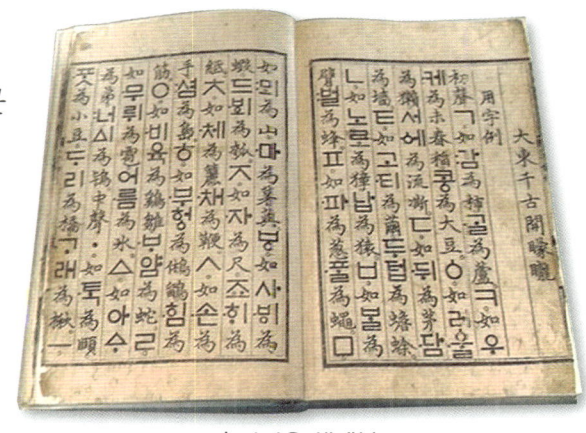
▲ 훈민정음 해례본

실제로 세종 대왕이 새로운 문자를 만든다는 소문을 듣고 최만리, 신석조, 김문 등 당시 집현전 학자들은 훈민정음 창제에 반대한다는 상소를 올렸어. 이를 갑자년에 올렸기 때문에 '갑자 상소'라고도 해.

학자들은 세종 대왕이 만들려는 훈민정음은 학문과 정치에 도움이 되지 않는다고 주장했어. 당연히 수많은 사대부들이 이에 동조하여 훈민정음 창제에 반대했지.

당시에는 한자의 음과 뜻을 빌려 우리말을 적은 '이두'와 '향찰'이라는 것이 있었어. 하지만 이두와 향찰은 한자를 빌려 표기했기 때문에 한자를 알아야만 쓸 수 있었지. 사대부들은 이두와 향찰이 있으므로 새로운 문자가 필요하지 않다고 주장했어.

세종 대왕은 왕의 권위를 내세워 이들의 주장을 묵살하지 않았어. 오히려 귀담아듣고는 훈민정음을 왜 만들어야 하는지 설득했어. 그러는 한편 부족한 점을 보충해서 더 꼼꼼하게 준비했지. 이렇게 해서 1443년 12월에 이미 만들어진 훈민정음이 1446년 9월이 되어서야 세상에 나왔어.

훈민정음이 반포된 뒤에도 사대부들은 훈민정음을 '언문'이라고 불렀어. 언문은 조선을 중국의 변방으로 여기는 사대주의적 사고방식에서 비롯된 이름이야. 그러니까 중국의 한자는 중심 글자이고 훈민정음은

한글이 만들어지기 전에 썼던 문자, 이두와 향찰

한글이 만들어지기 전에 우리 민족은 문자가 없었어. 중국 문자인 한자의 소리와 뜻을 빌려 우리말을 적은 이두와 향찰을 사용했지. 이두와 향찰은 우리말을 표기하는 데 완벽하지 않았지만 꽤 오랫동안 사용되었어.

이두는 고구려의 광개토왕릉비, 백제의 개로왕이 왜왕에게 보냈다는 칼에도 쓰였다고 전해지고 있어. 심지어 훈민정음이 창제된 후에도 널리 쓰였지. 주로 행정이나 관공 문서 등 실생활에 많이 쓰이다 보니 쉽게 사라지지 않았던 것 같아.

이두 표기법은 향찰로 이어졌어. 향찰은 주로 향가라는 노래에 쓰였어. 향찰 역시 한자를 빌려 썼지만 우리말을 그런 대로 잘 적을 수 있었지. 하지만 향찰은 이두와 달리 고려 초기를 넘기지 듯하고 사라졌어.

그런데 한글이 만들어지기 전에 우리 민족에게 문자가 있었다는 기록이 있어. 《한단고기》라는 책에 의하면 약 4천 년 전인 단군 시대에 '가림토'라는 문자가 있었다고 해. 가림은 '가려낸다'는 뜻이야. 가림토는 훈민정음과 모양이 비슷해. 하지만 안타깝게도 가림토 문자로 쓴 기록은 전하지 않아서 가림토가 실제로 존재했다는 주장은 학계의 주목을 받지 못하고 있지.

▲ 가림토

변두리 지역의 글자로 본 것이지.

이뿐만 아니라 훈민정음을 여자들이 쓰는 글자라 하여 '암글'이라고 낮잡아 부르기도 하고, 스님이 사용하는 글자라는 뜻으로 '중글'이라고도 불렀어. 오늘날처럼 한글이라는 이름이 쓰인 시기는 1910년대였지.

한글은 왜 과학적인 문자일까?

한글은 세계에서 유일하게 탄생 기록이 있는 문자야. 다른 문자들은 처음에 누가 만들었는지, 정확히 언제 만들었는지도 모른 채 조금씩 다듬어져서 지금의 모습이 되었어. 하지만 한글은 《훈민정음》이라는 책에 그 탄생 기록이 있어. 《훈민정음》은 한글의 원리를 설명한 책이야. 비록 한문으로 쓰였지만 이 책을 보면 한글이 어떻게 만들어졌는지 알 수 있지.

세종 대왕이 만든 한글은 자음 17자와 모음 11자로 모두 28자였어. 말소리가 어떤 발음 기관에서 어떤 작용에 의해 만들어지는지에 대해 연구하는 학문인 음성학을 공부해서 우리말 소리를 정확하게 표현할 수 있도록 만들었지.

자음인 ㄱ, ㄴ, ㅁ, ㅅ, ㅇ의 글자는 우리 몸의 발음 기관의 모양을 본떠 만들었어. ㄱ은 혀뿌리가 목구멍을 막는 모습을, ㄴ은 혀끝이 윗잇몸에 붙는 모습을 본떴지. ㅁ은 입 모양을, ㅅ은 이 모양을, ㅇ은 목구멍 모양을 본떴는데 여기에 획을 더해 ㅋ, ㄹ, ㅂ, ㅈ, ㅎ을 만들었어.

모음은 ㆍ, ㅡ, ㅣ를 기본으로 만들었어. ㆍ는 하늘의 둥근 모양을, ㅡ는 땅의 평평한 모양을, ㅣ는 사람을 본떴어. 과거 동양 철학에서는 하늘과 땅, 사람이 모든 사물의 근본이라고 생각했어. 그래서 이 세 가지를 본떴는데 이런 기본자들에 획을 더하거나 서로 조합해서 다른 글자들을 만들었지.

세종 대왕이 만든 글자들이 현재까지 그대로 전해 오지는 않아. 몇 가지는 사용하지 않기도 하고 일부는 변하기도 했어. 바로 ㆍ, ㆁ, ㅿ, ㆆ야. ㆍ는 '아래아', ㆁ은 '꼭지 달린 이응', ㅿ은 '반치음', ㆆ은 '여린히읗'이라고 불러. ㆍ는 ㅏ나 ㅡ로 변했어. 경상도 일부와 제주도에는 아직 이 소리가 남아 있지만 1933년 한글 맞춤법 통일안을 제정할 때 아래아를 사용하지 않기로 하면서 점차 사라졌어.

꼭지 달린 이응 또는 옛이응이라 불리는 ㆁ은 지금의 받침 ㅇ과 같아. 지금은 모음의 빈자리를 매우는 ㅇ과 받침 ㅇ을 구분하지 않지만 예전에는 모음의 ㅇ을 단순히 모양을 갖추기 위한 부호 정도로 생각했어. 그래서 받침으로 쓰는 ㅇ을 자음 ㆁ이라 했지.

반치음 ㅿ은 ㅅ과 ㅈ 중간 발음이야. 이 발음이 사라지면서 문자도 16세기 말에 없어졌어. ㆆ는 원래 한자음을 표기하기 위해 만든 글자야. 소릿값이 없었다고 추측되는데 세종, 세조 때까지 쓰이다가 사라졌지. 한글은 이런 변화를 거쳐서 현재 모음 10자와 자음 14자가 남아 있어.

한글은 활용성이 아주 뛰어나서 자음과 모음을 조합시킨 40개의 음운으로 모든 소리를 표현할 수 있어. 일본어는 300여 개, 중국어는 400여 개의 소리를 표현할 수 있는데 비해 한국어로는 1만 1천여 개의 소리를 표현할 수 있지.

한글은 또 우리의 말소리를 정밀하게 분석해서 각 소리들 사이의 관계를 알 수 있을 뿐만 아니라 글자의 모양만으로 그 글자가 어디에서 소리가 나며 어떤 성질을 띠는지도 알 수 있어. 그런 이유에서 세계의 많은 언어학자들이 한글을 가리켜 과학적으로 우수한 문자라고 한단다.

지금의 한글이 있기까지

　세종 대왕의 뜻대로 한글은 배우고 쓰기에 쉬운 문자이기 때문에 금세 널리 퍼져 나갔어. 조선 후기에는 많은 작품들이 한글로 쓰였어. 궁중 수필인 《한중록》, 허균이 지은 《홍길동전》, 판소리계 소설인 《춘향전》과 《심청전》, 용왕의 병을 치료하기 위해 토끼의 간을 가지러 육지에 올라온 자라 이야기인 《별주부전》 등이 순수 한글로 쓰인 작품이지.

　이렇게 백성들의 사랑을 받으며 널리 쓰였던 한글도 1910년 을사늑약으로 일본에게 주권을 빼앗기면서 큰 위기를 맞이해. 일제가 한글 대신 일본어를 쓰도록 강요했거든. 그럼에도 불구하고 많은 사람들이 우리말과 한글을 지키려는 노력을 했지.

　한글은 일제 강점기 전만 해도 우리나라의 말과 글이라 하여 '국어', '국문'이라고 불렀어. 그러다 일본에 주권을 빼앗기면서 '조선말', '조선글'로 불렀지. 주시경 선생이 1913년 어린이 잡지인 〈아이들보이〉에 글을 쓰면서 비로소 '한글'이라는 이름이 처음 사용되었어.

　한글은 우리 민족의 크고 위대한 글자라는 뜻이야. 누구보다 한글을 사랑했던 주시경 선생은 지금 국어 문법의 토대가 된 《국어문법》이라는 책을 펴냈고, 서재필 선생과 함께 한글 전용 신문인 〈독립신문〉을 창간했지. 〈독립신문〉은 처음으로 띄어쓰기를 한 신문이야. 띄어쓰기를

하면서 한글을 읽기가 훨씬 편해졌지.

　주시경 선생뿐만 아니라 제자들도 한글을 지키고 빼앗긴 조국을 위해 일할 수 있는 힘을 키워 갔어. 김두봉 선생과 최현배 선생은 《국어문법》을 발전시켜 《조선말본》, 《우리말본》을 출간했어. 또한, 조선어 학회를 조직해서 한글을 만든 날을 기념하기 위한 '가갸날'을 만들었고, 1927년 2월에 잡지 〈한글〉을 창간해 우리 말글 연구와 한글 보급에 힘썼지.

　이렇게 조선어 학회가 활발히 활동할수록 일제의 탄압은 더욱 심해졌어. 1938년부터는 학교에서 아예 우리말 사용을 금지했어. 우리식 이름을 버리고 일본식 이름으로 바꾸는 창씨개명을 강요하기도 했지. 뿐만 아니라 신문사를 강제로 문 닫게 해서 우리말과 글을 없애려고 했어. 일본 사람들은 한글을 연구하는 일이 독립 운동과 마찬가지라고 생각하여 조선어 학회 관련 학자들을 마구 잡아갔어.

　이토록 가혹한 일본의 핍박을 받으면서도 한글을 지키려는 노력은 계속되었어. 이극로 선생은 사전을 만들고 맞춤법과 표준어를 정하고 한글을 널리 알렸어. 선생은 1933년에 맞춤법을 발표했을 뿐 아니라, 조선어 학회가 해산된 이후에도 1947년부터 1957년까지 모두 6권의 《큰사전》을 출간했지.

한글날은 어떻게 시작되었을까?

한글날의 이름은 원래 '가갸날'이었어. 처음에 한글을 배울 때 '가갸 거겨'로 시작하기 때문에 붙여진 이름이지. 1926년 11월 4일 처음으로 한글날 기념식이 열렸어. 옛날 자료에 음력 9월에 《훈민정음》을 완성하고, 음력 9월 29일에 반포했다고 나와 있기 때문에 이를 근거로 기념식을 한 거야.

하지만 기념식을 음력으로 따져서 하다 보니 불편한 점이 많았어. 1931~1932년 무렵부터 양력 10월 29일에 기념식을 치렀지. 이후에도 한글날의 양력 계산을 둘러싸고 논란이 벌어져 10월 28일로 바뀌기도 했는데, 1940년 7월에 발견된 《훈민정음》(해례본)에 음력으로 9월 상한이라는 기록이 나와, 이를 토대로 1945년부터는 10월 9일을 한글날로 정하게 되었어. 날짜가 어떻게 달라지든 한글을 기리는 마음만은 한결같이 소중하게 지켜져야 해.

5장
또 다른 형태의 문자

요즘에는 컴퓨터와 휴대 전화를 통해 친구들에게 메시지를 보내거나 채팅을 해. 이때 문자 대신 기호나 이모티콘 같은 것을 사용하기도 하지. 문자보다 쓰기도 간편하고 의사를 전달하는 데 훨씬 효과적이기 때문이야. 사람들은 옛날부터 문자 대신 기호나 이미지를 사용했어. 이 중에는 편리성 때문에 지금도 널리 사용되는 것들이 많아. 무엇이 있는지 살펴볼까?

멀리 소식을 빠르게 전하는 모스 부호

1837년 미국인 새뮤얼 모스라는 사람이 모스 부호를 만들었어. 모스 부호란 전기로 신호를 보내는 송신기를 이용하여 글자를 짧은 음과 긴 음으로 나타낸 부호를 말해. 송신기를 누르면 전류가 흐르는데 이 전류의 길이로 부호를 나타내지.

모스 부호가 만들어진 데에는 슬픈 사연이 있어. 모스는 집에서 멀리 떨어져 있다가 아내의 죽음을 맞았어. 아내가 아프다는 소식도 듣지 못한 채 말이야. 당시는 통신 수단이 발달하지 못했기 때문이지.

모스는 빠른 통신이 필요하다는 사실을 절실히 깨닫고, 자석이 쇠붙이를 끌어당기는 성질을 이용하여 전기 신호를 보내는 전신기를 개발하고, 여기에 쓰이는 부호까지 고안해 냈어. 1844년에 워싱턴과 볼티모어 사이에 전선을 개통하고, 세계에서 처음으로 모스 부호를 사용하는

데 성공했지.

  모스 부호는 통신의 역사에서 획기적인 일이었어. 1분에 20개에서 30개의 단어를 아주 정확하고 편리하게 주고받을 수 있었거든. 모스 부호가 개발되자 신문사들이 앞다투어 이용했어. 예전에는 소식을 전하려면 며칠씩이나 걸렸는데 모스 부호 덕에 빠르게 브도할 수 있었기 때문이지. 모스 부호는 군대나 철도 등에서도 많이 이용되었어.

한글 모스 부호		알파벳 모스 부호	
ㄱ ●-●●	ㅎ ●---	A ●-	N -●
ㄴ ●●-●	ㅏ ●-	B -●●●	O ---
ㄷ -●●●	ㅑ ●●	C -●-●	P ●--●
ㄹ ●●●-	ㅓ -	D -●●	Q --●-
ㅁ --	ㅕ ●●●	E ●	R ●-●
ㅂ ●●--	ㅗ ●-	F ●●-●	S ●●●
ㅅ --●	ㅛ -●	G --●	T -
ㅇ -●-	ㅜ ●●●-	H ●●●●	U ●●-
ㅈ ●--●	ㅠ --●	I ●●	V ●●●-
ㅊ -●-●	ㅡ -●●-	J ●---	X -●●-
ㅋ -●●	ㅣ ●●-	K -●-	Y -●--
ㅌ --●-	ㅐ ---●-	L ●-●●	Z --●●
ㅍ ---	ㅔ -●--	M --	

▲ 모스 부호

요즘은 모스 부호를 거의 사용하지 않아. 더 편리하고 빠른 통신 수단이 개발되었거든. 그렇다고 아주 사라지지는 않았어. 대양을 횡단하는 선박에서는 아직 모스 부호를 쓰기도 해. 또 전 세계 아마추어 라디오 사용자들이 모스 부호로 통신을 하기도 하지.

현대판 상형 문자, 픽토그램과 아이콘

길을 걷다 보면 '멈춤'이나 '위험' 등을 알리는 교통 표지판부터 버스 정류장이나 택시 승강장, 또는 화장실, 주차장 등 다양한 장소를 뜻하는 표지판을 볼 수 있어. 이런 표지판은 대개 글자가 없이 그림으로만 되어 있는데, 이를 픽토그램이라고 해.

픽토그램(pictogram)은 그림(picture)과 전보(telegram)의 합성어야. 사물, 시설, 개념 등을 사람들이 쉽게 알아볼 수 있도록 나타낸 일종의 그림 문자지. 픽토그램은 사물을 그대로 본뜬 것이 많아. 그래서 픽트그램을 현대판 상형 문자라고도 해.

픽토그램은 단순하고 뜻도 명료해야 해. 그래야 사람들이 금세 무슨 의미인지 알 수 있거든. 픽토그램은 그림과 함께 색상으로도 뜻을 나타내. 검정은 일반 사항 및 공공 시설물 안내, 빨간색 원 안의 사선 모양은

▲ 픽토그램

▲ 아이콘

금지, 파랑은 지시, 노랑은 주의 및 경고, 초록은 안전·피난·위생·구호, 빨강은 소방·긴급·위험 등을 나타내지.

픽토그램이 가장 먼저 발달한 곳은 미국으로 1920년대부터 교통 표지판에 사용했어. 우리나라의 경우 외국에서 제작한 픽토그램을 모방하거나 각종 기관이나 기업이 자체적으로 만들어 사용해 왔어. 그러다가 2002년 월드컵을 앞두고 픽토그램 표준화 작업을 해서 국가 표준 픽토그램을 사용하게 되었어.

아이콘도 픽토그램과 비슷한 기능을 해. 컴퓨터 화면을 보면 프로그램이나 데이터 파일들을 조그만 그림 또는 기호로 나타냈는데, 이것들이 바로 아이콘이야.

아이콘(icon)은 영어로 상징 또는 기호라는 뜻으로 그림을 의미하는 그리스어 '이콘(eikoon)'에서 비롯되었어. 아이콘도 픽토그램처럼 정보를 빠르고 정확하게 전달하기 위해 만들어졌지. 아이콘은 기능이나 성격을 사용자가 쉽게 알아볼 수 있게 꾸며져 있어서 컴퓨터 초보자들도 사용하기가 쉬워.

스마트폰을 보면 각종 응용 프로그램을 표시한 그림들이 있어. 앱이라고 하는데, 이 또한 아이콘이지. 앱(app)은 적용 또는 응용이란 뜻의 영어 '애플리케이션(application)'을 줄인 말이야. 앱 역시 단순한 그림 형태로 되어 있어. 그래서 누구나 쉽게 그 기능이나 성격을 알 수 있지.

문자 역할을 톡톡히 하는 이모티콘

컴퓨터와 휴대 전화 사용이 늘면서 새로운 문자가 생겼어. 바로 이모티콘이야. 이모티콘(emoticon)은 감정을 뜻하는 영어 '이모션(emotion)'과 '아이콘(icon)'을 합쳐서 만든 말이야.

이모티콘은 1980년 미국에서 처음으로 사용되었어. 당시에는 웃는 모습의 이모티콘이 대부분이어서 웃음을 상징한다는 뜻으로 '스마일리 심볼'이라고 불렸는데, 컴퓨터와 함께 인터넷이 널리 보급되면서 여러 감정을 표현하는 수단으로 이모티콘이 쓰이게 되었지.

이모티콘은 컴퓨터 자판의 문자, 기호, 숫자 등을 활용하여 여러 가지 뜻을 나타내. 이를테면 '기분 좋음'은 :-), ^_^, ^8^ 등으로 나타내고,

'기분 나쁨'은 :-(, '슬픔'은 ㅜ.ㅜ, ㅠㅠ 등으로 나타내지. 이모티콘 중에는 언어나 소리를 본뜬 것도 있어. 웃음 소리를 나타내는 ㅎㅎ와 ㅋㅋ, 코 고는 소리를 뜻하는 zz가 대표적이지.

이모티콘은 표현하기 어려운 감정을 빠르고 편리하게 전달한다는 장점이 있어. 게다가 문자의 역할을 하면서도 경제적이지. 최근에는 메신저나 채팅 서비스 개발자들이 독자적인 그림을 만들어 이용자들에게 제공하고 있어. 이런 그림 위주의 이모티콘은 주로 휴대 전화에 많이 쓰여.

예제	설명	예제	설명
(^_^) (^^) (^-^) ^^	미소짓는 모습	(^o^)	웃는 모습
(^_^;	겸연쩍어하는 모습	(*_*)	놀란 모습
(;_;) (T_T)	우는 모습	(@_@)	눈이 뱅글뱅글 도는 모습
^^* (^^* ^^// ^///^ -///- -_-	부끄러워하는 모습	(-_-) (——)	눈을 가늘게 뜨고 불만을 표시하는 모습
=^.^=	고양이	U·ェ·U	개

▲ 이모티콘

수학의 연산 부호

앞서 숫자도 일종의 문자라고 했는데, 수학에는 숫자 외에 또 다른 문자가 있어. 바로 연산 부호야. 연산 부호란 수학에서 쓰는 여러 가지 기호야. 예를 들면 +, −, ×, ÷, =야. 모두 뜻을 지녔기 때문에 문자라고 볼 수 있지.

옛날에는 1 + 2를 '1과 2'라고 썼어. 여기에서 '~과'에 해당하는 라틴어 'et'에서 + 기호가 생겨났지. 덧셈 기호(+)는 13세기 무렵 이탈리아의 수학자 레오나르도 피사노가 만들었다고 전해지고 있어.

뺄셈 기호는 원래 '모자라다' 또는 '부족하다'라는 뜻의 라틴어 '미누스(minus)'를 간단히 'm'으로 쓰다가 나중에 −로 바뀌었어. 뺄셈 기호(−)는 1489년 독일의 수학자 비트만이 만들었다고 전해지지.

곱셈 기호(×)는 +, −가 나오고 나서 100여 년이 더 지난 1631년에 영국의 수학자 윌리엄 오트렛에 의해 만들어졌어. 처음에는 십자가를 비스듬히 뉘어서 만든 모양으로 알파벳 X와 헷갈린다는 이유로 잘 사용되지 않았지. 그러다 19세기 후반에 이르러 널리 사용하게 되었어.

나눗셈의 기호(÷)는 1659년에 스위스의 수학자 요한 하인리히 란이 만들었어. ÷의 가로선(―)은 분수 표시이고, 위와 아래에 찍은 점은 분수에서 가로선 위의 수, 가로선 아래의 수를 나타내.

수나 식이 서로 같음을 나타내는 등호(=)는 영국의 수학자이자 의사인 로버트 레코드가 1557년에 출간한 영국 최초의 대수학책인 《지혜의 숫돌》에서 처음으로 사용했어.

연산 부호 외에도 수학에는 문자 역할을 하는 기호들이 아주 많아. '파이(π)'는 그리스어로 '한 바퀴'라는 뜻으로 원주율을 나타내. 원주율은 3.14159265358979…로 어떠한 규칙 없이 계속되는 수인데 간단하게 π로 표시하지.

마치 고대 문자처럼 생긴 $\cap$, $\cup$, $\in$, $\ni$, $\subset$, $\supset$도 수학에서 사용되는 부호야. $\cap$는 교집합을 가리켜. 예를 들어 '두 개의 집합 A와 B에서 집합 A의 원소이면서 동시에 B의 원소로 된 집합을 A와 B의 교집합이라고 한다.'라는 문장이 있다면 간단하게 A$\cap$B로 정리할 수 있지. 'a는 A의 원소이다.' 라는 문장은 a$\in$A로 표시할 수 있어. '집합 A의 모든 원소가 집합 B에 속할 때, A는 B의 부분 집합이다.'라는 긴 문장도 A$\subset$B로 간단하게 나타낼 수 있지.

이 밖에도 문제를 풀 때 $\therefore$는 '따라서'를, $\because$는 '왜냐하면'을 의미하는데, 이 같은 수학의 부호는 넓은 의미에서 모두 문자야.

의미를 효과적으로 표현하는 문장 부호

　프랑스의 소설가이자 극작가 겸 시인인 빅토르 위고와 문장 부호에 얽힌 재미난 이야기가 있어. 위고는 1862년에 유명한 《레미제라블》을 세상에 내놓았어. 그런데 그는 당시 쿠데타로 집권한 나폴레옹 3세에게 반기를 드는 바람에 영국의 한 섬으로 쫓겨나 있었지.

　새 책이 잘 팔리는지 궁금했던 위고는 출판사에 한 장의 전보를 보냈어. 내용은 '?'였어. 이 전보를 받은 출판사에서는 즉시 위고에게 답장을 보냈는데 글자 한 자 없이 '!'뿐이었어. 책이 잘 팔리느냐는 뜻의 질문에 책이 놀랍도록 잘 팔리고 있다는 의미의 대답이었지.

　여기에서 ?와 !는 구구절절 긴 문장보다 전달 내용을 훨씬 잘 표현해. 이처럼 문장 부호는 의미를 전달하는 데 큰 역할을 하지.

　마침표(.), 물음표(?), 느낌표(!), 쉼표(,), 가운뎃점(·), 붙임표(-), 물결표(~), 줄임표(……) 등을 통틀어서 문장 부호라고 해. 문장 부호는 글의 뜻을 효과적으로 표현하고 문장을 잘 이해하도록 하기 위해 사용하지. 물론 문장 부호가 빅토르 위고의 전보처럼 단독으로 쓰이는 경우는 거의 없어. 대부분 문장 중간 또는 끝에 쓰지.

　문장 부호를 사용하면 같은 문장이라도 뜻이나 분위기가 달라질 수 있어. 글을 쓰고 마칠 때는 끝에 마침표를 찍어. 누군가에게 물어볼 때

는 물음표, 놀라거나 감탄을 나타낼 때는 느낌표를 쓰지. 문장 부호가 없으면 문장의 내용이 헷갈리거나 뜻이 달라지기도 해.

가령 '잘 잤어'라는 말의 경우 문장 부호에 따라 뜻이 달라져. '잘 잤어?'라고 물음표를 달면 잘 잤느냐는 질문이야. 하지만 '잘 잤어.' 하고 마침표를 찍으면 잘 잤느냐는 질문에 잘 잤다는 대답이 돼. 이렇듯 문장 부호도 일정한 뜻을 가지고 있어. 문자의 역할을 한다고 볼 수 있지.

현재 우리나라의 문장에서뿐만 아니라 영어나 일본어, 중국어 등 대부분의 언어에서는 문장 부호를 사용해. 그런데 언어마다 문장 부호가 조금씩 달라.

스페인에서는 물음표가 문장의 앞과 뒤에 붙어. 게다가 앞의 것은 뒤집어서 표시하지. 예를 들어 '너 이름이 뭐니?'는 '¿Cómo te llamas?'라고 표시해. 느낌표도 마찬가지야. '아, 멋있다!'도 '¡Ah, qué espléndido!'라고 표시하지.

문장 부호와 쓰임

부호	쓰임
. 마침표	· 서술, 명령, 청유 등을 나타내는 문장의 끝에 쓴다. · 연, 월, 일을 표시하거나 특정한 의미가 있는 날을 나타낼 때 쓴다.
? 물음표	· 의문문이나 물음을 나타내는 어구의 끝에 쓴다. · 적절한 말을 쓰기 어렵거나 모르는 내용을 나타낼 때 쓴다.
! 느낌표	· 감탄문이나 강한 느낌을 나타내는 어구의 끝에 쓴다.
, 쉼표	· 어구를 나열하거나 문장의 연결 관계를 나타낼 때 쓴다. · 문장에서 끊어 읽을 부분을 나타낼 때 쓴다.
· 가운뎃점	· 둘 이상의 어구를 하나로 묶어서 나타낼 때 쓴다.
: 쌍점	· 표제나 주제에 대하여 구체적인 사례나 설명을 붙일 때 쓴다. · 시와 분, 장과 절 등을 구별할 때 쓴다.
" " 큰따옴표	· 대화를 표시하거나 직접 인용한 문장을 나타낼 때 쓴다.
' ' 작은따옴표	· 인용문 속의 인용문이거나 생각을 나타낼 때 쓴다. · 문장 내용 중에서 특정한 부분을 강조할 때 쓴다.
…… 줄임표	· 할 말을 줄이거나 말이 없음을 나타낼 때 쓴다.

음악의 문자, 악보

　언어를 기록하는 데 사용하는 기호를 문자라고 한다면 음악의 곡조를 기록하는 기호는 뭐라고 할까? 바로 악보라고 해. 기록한다는 의미에서 악보도 문자야. 문자도 일정한 규칙에 의해서 기록하듯 악보 또한 일정한 규칙에 따라 기호를 써서 기록하지. 이렇게 규칙에 따라 기록하는 것을 문자의 경우는 문법이라 하고, 음악의 경우는 기보법이라고 해.

　오늘날 우리는 다섯 줄의 선이 있는 오선지에 음의 높낮이와 길고 짧음 등을 기록하는데 이를 오선보라고 해. 오선보는 유럽에서 완성한 기보법이야.

　고대 그리스에서는 음의 높낮이나 길고 짧음을 문자나 기호로 표시했어. 11세기에 이르러 이탈리아의 수도사가 네 개의 줄과 음의 높낮이를 나타내는 음자리표로 악보를 적는 방법을 개발해 냈지. 그러다 13세기에 오선보 기보법이 완성되었어. 이때부터 종이에 오선을 긋고 줄과 줄 사이에 음표를 기록했지.

　오선지의 위쪽에는 높은음을, 아

▲ 오선보 기보법

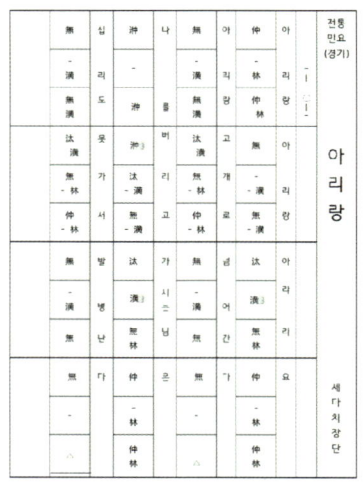

▲ 정간보

래쪽에는 낮은음을 표시했어. 음의 길이는 음표 머리에 있는 동그라미 안에 색깔을 채우거나 음표 위에 부호를 써서 표시했지.

우리나라 전통 음악도 기보법으로 기록할 수 있어. 우리나라 전통 음악의 기보법은 '정간보'라고 해. 정간보는 조선 시대 세종 대왕이 만들었어. 우물 정(井) 자 모양의 가로 세로 줄이 얽혀 음의 길이와 높낮이를 표시한 악보야.

우리 전통 음악은 서양 음악에 비해 음의 높낮이보다 음의 길고 짧음을 더 신경 써서 만들지. 따라서 서양 음악은 음의 높낮이를 쉽게 알 수 있는 오선보가 편하고, 우리 전통 음악은 음의 길고 짧음을 나타내는 것이 중요한 만큼 음의 길이를 잘 알아볼 수 있는 정간보가 편하지.

새로운 시대의 문자

컴퓨터와 휴대 전화가 많이 보급되면서 대부분의 사람들이 종이에 글을 쓰는 시간보다 컴퓨터로 글을 쓰는 시간이 더 많아졌지. 종이에 직접 글씨를 쓰고 우표를 붙여 보내는 편지는 사라져 가고, 컴퓨터로 써서 버튼 한번 눌러서 보내는 이메일이 훨씬 익숙해졌어.

또한 항상 가지고 있는 휴대 전화로 언제든지 친구와 이야기를 나눌 수 있게 되었어. 시간이나 장소에 상관없이 말이야. 먼 옛날 돌을 깎거나 점토판에 글씨를 파던 때를 생각하면 말할 수 없이 편해졌지.

▲ 새로운 문자 환경

▲ 컴퓨터칩

뿐만 아니라 컴퓨터나 휴대 전화에 쓰는 글씨체도 다양해져서 손으로 직접 글자를 쓰지 않아도 충분히 글자를 아름답게 꾸밀 수 있게 되었어. 심지어 전자 기기로도 손 글씨의 느낌을 충분히 살릴 수 있지.

문자를 저장하는 방법도 달라졌어. 인쇄술의 발달로 책이 만들어지고 많은 책이 도서관에 소장되어 후세에 전해졌다면, 이제는 작은 저장 기기에 많은 책을 저장하지. 손톱만 한 크기의 칩에 수만 권의 책의 내용을 담을 수 있으니 과거와는 다른 세상이나 다름없어.

원고지에 글을 쓰던 작가들은 이제 컴퓨터로 글을 써서 책을 만들어. 종이에 글자를 인쇄한 책을 가지고 다니며 보던 사람들도 이젠 종이책 대신 전자책을 보고 있지. 전자책은 책을 전자 기기에 다운 받아서 모니터 화면을 통해 읽는 거야.

그런가 하면 전자 펜 같은 장치를 이용해서 컴퓨터나 휴대 전화에 글씨를 쓰거나 그림을 그릴 수도 있어. 뿐만 아니라 요즘 휴대 전화는 말만 하면 목소리를 인식해서 문자로 변환해 주기까지 해.

예전 같으면 상상도 할 수 없는 일이었지. 이처럼 문자의 사용 환경은 급속도로 바뀌었어. 사람들은 더 빨리, 간단하게 글자를 쓰기 위해 말을 줄여 쓰거나 축약한 문자를 사용해. 이렇게 문자는 그 시대를 살아가는 사람들에 맞춰서 계속 변화하고 있어. 죽어 있는 문자가 아니라 살아서 변화하고 발전하지.

앞으로 인류가 발전하면서 문자 또한 어떠한 모습으로 변하게 될지 우리는 알 수 없어. 그 누구도 상상도 하지 못한 방향으로 흘러갈 수도 있겠지. 그저 우리가 할 수 있는 것은 인류의 소중한 보물인 문자를 아름답게 쓰고 잘 보존하여 후대에게 남겨 주는 일이야.

참고 문헌

한국 유네스코 아시아태평양 국제이해교육원, 《아시아 아홉 문자 이야기》, 한림출판사

비비안 프렌치, 《온 세상의 글자》, 승산

실비 보시에, 《생각을 담는 그릇 문자》, 푸른숲

김경희, 《만날 쓰면서도 몰랐던 문자이야기》, 파란정원

디미테르 잉키오브, 《책 속 악마를 속여라!》, 랜덤하우스코리아

서종학, 《문자생활의 역사》, 영남대학교 출판부

강철, 《(인류 최고의 발명품)문자》, 시공사

참고 사이트

http://100.daum.net/encyclopedia/view/b14a4101a

http://blog.naver.com/PostView.nhn?blogId=smbafrica&logNo=150173486761

http://blog.naver.com/soldomila?Redirect=Log&logNo=220448018552

http://blog.naver.com/zikpreed?Redirect=Log&logNo=120047899582

http://cafe.naver.com/orientstudy/63

http://canadablog.tistory.com/157

http://stonebird.co.kr/40174950595

http://www.daejonilbo.com/news/newsitem.asp?pk_no=1145785

http://www.omniglot.com/language/phrases/inuktitut.php

https://namu.wiki/w/%EC%97%90%ED%8B%B0%EC%98%A4%ED%94%BC%EC%95%84#s-7.1